일상
철학

김정휘 지음

청어

일상철학

김정휘 지음

발행처 · 도서출판 청어
발행인 · 이영철
영 업 · 이동호
기 획 · 최윤영 ∣ 김홍순
편 집 · 김영신 ∣ 방세화
디자인 · 김바라 ∣ 오주연
제작부장 · 공병한
인 쇄 · 두리터

등   록 · 1999년 5월 3일(제22-1541호)

1판 1쇄 인쇄 · 2013년 5월 20일
1판 1쇄 발행 · 2013년 5월 30일

주소 · 서울시 서초구 서초동 1595-10 봉양빌딩 2층
대표전화 · 586-0477
팩시밀리 · 586-0478

홈페이지 · www.chungeobook.com
E-mail · ppi20@hanmail.net
ISBN · 978-89-97706-42-6 (03100)

일상
철학

저자의 말

저는 타고난 지적 게으름으로 매우 협소한 지식을 가지고 있는 탓에 오직 직관적 인식과 자천수행(自天修行) 과정에서 얻은 각성에 기대어 지금껏 글을 써 왔습니다. 많이 부끄럽습니다만 이 때문에 제 글이 누구나 이해할 수 있는 아주 단순하고 쉬운 글이 되어 나름의 흡족함을 느끼기도 합니다. 앞으로 습득하게 될 지식이 늘어난다 하더라도 지금껏 써온 대로 쉽고 단순한 글만을 지향하기 위해 노력할 생각입니다.

제 글은 저의 직관적 인식이 주된 부분이니만큼, 제 글에서 동의할 수 없고 마음에 들지 않는 부분이 있으시다면 너그러이 참고만 해주시면 감사하겠습니다. 저는 저의 관점과 철학적 사유를 세상에 드러내 보이고 싶은 20대 특유의 조급함이 있을 뿐이며 제 관점을 강요하고자 하는 보이지 않는 폭력을 행사할 의도는 없습니다. 다만 제 직관적 인식에 확신을 가지고 제가 쓴 글에 대해 책임을 질뿐입니다.

『일상철학』의 학문원리는 삶에 대한 다양한 시선을 제공함으로써 삶의 '올바른 방향성'의 모색을 돕고, 삶의 올바른 방향성에서 비롯되는 주체적인 가치관의 확립을 통해 궁극적으로 본인만의 주체적인 시각을 가지실 수 있도록 돕는 것이라 볼 수 있습니다.

다시 말해, 삶의 올바른 방향성의 확립은 그에 맞는 주체적인 가치관을 낳고 그러한 가치관을 토대로 본인만의 주체적인 '바탕지식'을 쌓아나갈 수 있으며, 그 결과 본인만의 주체적인 시각을 가질 수 있게 되는 것이라 봅니다.

여기서 중요한 것은 본인만의 세상을 바라보는 눈의 토대가 될 '바탕지식'의 형성과정에서 반드시 '지식의 해탈'을 통한 모든 사상과 관념들로부터 자유로울 있어야 한다는 것입니다.

『일상철학』에서 제시한 '지식의 해탈'은 그동안 살아오면서 자의 반 타의 반으로 수용해왔던 정신적 부자유의 근원이 될 수 있는 모든 관념으로부터 자유를 획득하고, 그 무한한 관념의 공백 위에서 불안해하지 않으며 당당하게 삶의 방향성에 맞는 본인만의 '바탕지식'을 충실히 쌓아나가는데 도움이 될 것이라 믿습니다. 물론 여기서 더 나아간다면 세상에 대한 본인만의 새로운 관념체계이자 지구본을 만들어 내는 것도 가능할 것이라 봅니다.

지식은 원하면 언제든 30초 이내에 확보 가능한 시대가 왔습니다. 지식의 함양은 인간의 정신을 더욱 성숙하게 하지만, 지식의 본질을 제대로 깨닫지 못한 채 그것의 함양 자체만을 목적으로 접근한다면 자칫 세상에 대한 본인만의 주체적인 사유의 기회를 박탈당하고 타인의 시선으로만 세상을 맹목적으로 바라보게 만들 위험이 있다고 생각합니다.

지식은 나의 인식의 지평을 넓히고 혜안을 기르며 결과적으로 나만의 주체적인 시각을 가지기 위한 좋은 수단으로 삼아야지, 지식을 떠받들며 그 권위에 함몰되어선 곤란할 것입니다. 지식의 본질과 그 활용의 올바른 목적을 자각하는 것이 지식수용자로서의 현명한 태도이자 '지식의 해탈'을 의미하는 것으로 볼 수 있습니다.

『일상철학』은 세상의 모든 권위 있는 사상 및 관념들에서 비롯될 수 있는 정신적인 부자유와 내가 머무는 공간에 형성된 '암묵적 믿음체계'와 같은 보이지 않는 '휩쓸림'의 영향을 자각하게 함으로써, 이 책을 읽는 사람들로 하여금 언제 어디서나 주체적인 자유로움을 누리도록 하는 데 주된 목적이 있습니다.

또한 인간의 정신적 홀로서기와 내적인 성장을 가로막고 있는 '내면의 나무 지지대'와 같은 보이지 않는 실체를 자각하게 하고 일상에 대한 다양한 시각과 사색의 기회를 제공함으로써, 궁극적으로 이 책이 본인만의 뚜렷한 삶의 방향성의 확립을 돕는 좋은 계기가 되었으면 합니다.

확고한 주체성은 본인만의 뚜렷한 삶의 방향성에서 비롯된다고 보며, 이 주체성이 곧 본인의 정신적 자유로움을 보장하고 본인만의 존재의미를 바로 세우는 훌륭한 역할을 한다고 생각합니다.

이 책이 나오기까지 많은 분의 도움이 있었습니다. 늘 서로에게 격려를 아끼지 않는 광룡정 도반님들과 특히, 개인적으로 많은 조언을 해주신 청룡 선배님, 대학생활의 소중한 추억을 함께한 'RIGHT PEOPLE' 동호회 친구들과 고등학교 친구들, 그리고 힘든 군대 시절 많은 도움을 주신 소장님들과 사모님들, 이 책의 출간에 도움을 주신 청어출판사 이영철 대표님과 직원분들, 금전적 후원을 해준 박용필 형님 부부, 『일상철학』의 사상적 토대이자 귀한 가르침인 자천학(自天學)과 올바른 길을 제시해주신 존경하는 현일 스승님, 지금껏 물심양면으로 지원해주시고 오늘의 '나'가 있기까지 큰 도움을 주신 사랑하는 아버지, 어머니 그리고 가끔 싸우기도 하지만 편한 친구 같은 누나, 항상 나를 반겨주는 귀여운 우리 집 애교쟁이 빵순이, 다롱이, 사랑이와 지금껏 살아오면서 도움을 주신 많은 분께도 일일이 지면상으로 다 적지 못했지만 감사함을 표현하고 싶습니다. 진심으로 고맙습니다.

김정훈

일상철학의 시작

철학은 세 가지의 이로움을 인간에게 제공해야 할 의무가 있다고 생각합니다.

첫째는 인간을 옭아매는 모든 부자유의 근원을 직시하고 그것의 해체를 도움으로써 인간의 자유로움에 이바지해야 합니다. 자기 생각과 감정, 행동이 더는 누군가의 보이지 않는 틀과 사상에 의해 억압되어 괴로워하는 일은 없어야 합니다.

둘째는 누구나 세상을 바라보는 본인만의 주체적인 시각과 견해를 가질 수 있도록 도움을 주어야 합니다. 더는 유명한 학자나 사상가들의 권위에 기대어 맹목적으로 세상을 바라보고 이해하는 일은 없어야 합니다. 위대한 누군가의 시각으로 세상을 바라보고 그들의 판단대로 세상을 판단함으로써 본인만의 주체적인 견해와 시각을 가지지 못하는 안타까움은 없어야 합니다.

셋째는 '왜 사는가' 혹은 '무엇을 위하여 살 것인가' 같은 삶의 목적 및 올바른 방향성에 대하여 본인만의 현명한 대답을 얻는 데 도움이 되어야 합니다. 철학은 삶의 본질을 고찰함과 동시에 인간이 보다 현명해지고 밝아지는데 도움을 주기 위한 학문일진데 최소한 위의 의문에 대한 본인만의 현명한 답을 구하는 데 도움을 주지 못하다면 철학의 존재의미에는 아쉬움이 있다고 생각합니다.

　철학이 위의 세 가지 이로움을 제공함과 동시에 누구나 이해할 수 있도록 쉽고 단순하게 표현된다면 가장 이상적일 것입니다. 하지만 제 주관적인 생각으로는 기존의 철학은 쉽고 단순한 표현보다는 현학적이고 난해한 표현들이 많아 누구나 쉽게 접근하기에는 다소 어려움이 있지 않나 싶습니다.

　『일상철학』은 누구나 쉽게 일상에서 접하고 발견할 수 있으며 단순하고 쉬운 표현들을 통해 위의 세 가지 이로움을 사람들이 널리 누릴 수 있도록 하는 것에 학문의 주된 목적이 있습니다.

　『일상철학』을 통하여 많은 사람이 본인만의 확고한 주체성과 정신적인 자유로움을 누리며 살아갈 수 있게 되기를 기대합니다. 더 나아가 『일상철학』이 진정한 성장을 위한 학문인 자천학(自天學)으로의 유익한 연결고리가 되기를 기원합니다.

차례

III.
지식의 해탈

일상에 대한 에세이

내 삶을 찬찬히 음미해보자구요.

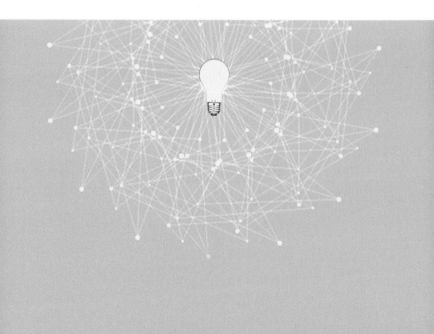

대상과 관찰자

대상은 대상이다. 대상은 관찰자가 없다면 그냥 대상으로 존재한다. 하지만 그 대상을 바라보는 관찰자가 발생하면 그 대상은 더 이상 대상으로만 존재할 수 없게 된다. 대상은 그 관찰자와의 관계에 맞는 존재의미를 가지게 된다.

컴퓨터라는 대상이 있다. 관찰자가 없을 때엔 컴퓨터는 하나의 대상일 뿐이다. 만약 사람이라는 관찰자가 발생한다면 그 컴퓨터는 '유용하다'는 의미를 가진다. 반면 개라는 관찰자가 발생한다면 그 컴퓨터는 그냥 딱딱하고 차가운 사물로써 의미를 가질 뿐이다.

어떤 관찰자가 대상을 보느냐에 따라 그 대상의 의미는 달라진다. 게다가 대상의 가치는 그 대상을 바라보는 관찰자들의 욕망에 의해 결정된다. 어떤 대상을 두고 많은 관찰자가 그것을 욕망한다면 그 대상은 값어치가 높아지겠지만, 다른 곳에서는 그 대상을 두고 많은 관찰자가 욕망하지 않는다면 그 대상의 가치는 평가절하될 것이다.

명품이라는 대상은 개라는 관찰자에게는 아무런 욕망의 대상이 되지 않으나, 사람이라는 관찰자에게는 욕망의 대상이 될 수 있다. 따라서 명품은 개에게는 길가에 놓여있는 돌과 다름없지만, 사람에게는 명품에 대해 품는 욕망의 강도에 따라 그 가치가 달라진다.

나라는 대상은 어떠한가. 이 세상에 나라는 대상만이 있으면 나는 나일뿐이다. 하지만 나라는 대상을 바라보는 관찰자가 발생하는 순간 나는 더 이상 순수한 나로서만 존재할 수 없다. 나는 그 관찰자와의 관계에 맞는 존재의미를 가지게 된다. 그리고 그 관찰자들이 나에게 가지는 욕망에 따라 나의 가치는 결정된다.

하지만 이것은 어디까지나 나의 외부에서 일어나는 일들이며, 나의 존재의미와 가치는 일차적으로 내 안에서 결정되어야 한다. '나는 무엇을 위하여 살 것인가'에 대한 결단을 스스로 내린다면 나는 외부의 관찰자와의 관계에서가 아닌 내 안에서 비롯되는 나만의 존재의미를 가지게 되며, 나의 결단에서 비롯된 행동들이 사람들이 나라는 대상에 대해 품게 되는 욕망을 결정하는 것이다. 즉, 나의 존재의미와 가치의 발생은 나로부터 시작되는 것이다.

반대로 '무엇을 위하여 살 것인가'에 대한 결단 없이 상황에 따라 흘러가는 삶을 선택하게 된다면 다른 사물들과 마찬가지로 나는 관찰자와의 관계에서만 나의 존재의미가 결정되고 오직 그들이 나에 대해 품는 일방적인 욕망에 따라 나의 가치가 결정되고 말 것이다.

관계와 효용

　사람은 관계론적으로 물질적 효용과 비물질적 효용을 상대방에게 줄 수 있다. 물질적 효용은 나에게서 돈이나 물건과 같은 물질적인 이로움을 기대할 수 있는 사람이 있는 경우 발생하고, 비물질적 효용은 나에게서 즐거움이나 정서적 만족 등의 비물질적인 이로움을 기대할 수 있는 사람이 있는 경우 발생된다. 사람이 제공할 수 있는 물질적 효용과 비물질적 효용은 관계를 맺는 상대방이 누구냐에 따라 다르게 작용한다.

　대학생 A가 있다고 치자. 친한 동생인 고등학생 B의 입장에서는 대학생 A는 용돈과 대학진학에 대한 조언과 같은 물질적, 비물질적 효용을 본인에게 제공해줄 수 있다. 하지만 졸업선배인 직장인 C의 입장에서는 후배인 A는 단지 친한 후배로서 친밀감이라는 비물질적 효용만을 본인에게 제공해줄 수 있을지도 모른다. 고등학생 B와 직장인 C는 A로부터 물질적 혹은 비물질적 효용을 지속적으로 기대할 수 있는 한 그들은 기꺼이 A와 만남을 이어 나갈 것이다.

친족이나 학교, 의무적인 인간관계를 제외하고 내가 지속적으로 만남이 가능한 사람은 물질적 효용과 비물질적 효용 중 최소 한 가지는 기대할 수 있는 사람이어야 한다. 그 어떤 것도 내가 기대할 수 없는 사람이라면 나는 그 사람과 만나고 싶다는 욕망이 생기지 않을 것이다. 만약 만나게 된다면 우연이거나 상황에 의한 불가피한 만남이 될 것이다.

사람들은 나로부터 어떤 효용을 기대할 수 있는가? 내가 누군가와의 만남으로부터 물질, 비물질적 효용을 기대하듯 다른 사람들도 마찬가지일 것이다.

불 꺼진 시장에는 손님이 없다. 불을 꺼놨음에도 계속해서 손님들이 시장을 찾아주기를 바란다면 그것은 욕심일 뿐이다. 이해타산적이고 일회적인 인간관계에 안타까워하기 전에 먼저 '나'라는 시장에 불을 꺼놓고 사는 것은 아닌지 돌아볼 필요가 있지 않을까. 인간관계에 안타까워하는 '나' 조차도 불 꺼진 다른 시장은 찾지 않으니 말이다. 물질적인 효용으로 불이 켜진다면 사람들은 '나'가 아닌 나의 외부인 '물질'에서 이로움을 얻는 것이다.

내게서 물질이 달아나면 더 이상 사람들은 나를 찾지 않지만 따뜻한 마음과 관심과 같은 비물질적 효용으로 불이 켜진다면 '나'로부터 사람들이 이로움을 얻는 것이니 물질의 유무와 상관없이 사람들은 지속적으로 나를 찾게 되지 않을까.

행복에 집착하지 않기 위하여

당신은 행복하십니까. 당신이 지금 행복하신 이유는 무엇입니까. 몸에 활력이 넘쳐서입니까, 하는 일이 잘 풀려서입니까, 아니면 좋아하는 사람이 곁에 있어서 그러신가요.

우리는 사소한 것에 기뻐하고 행복할 수 있습니다. 행복이란 어쩌면 그리 어렵지 않은 것인지도 모릅니다. 하지만 그만큼 행복이란 불안정한 것이라 생각합니다. 우리를 행복하게 하는 것들은 모두 변화하기 때문입니다.

나이가 들거나 병이 들면 나의 몸의 활력도 예전과 같지 않게 될지도 모릅니다. 내가 하는 일의 상황도 변하고 좋아하는 사람도 언젠가는 내게서 떠나게 될지도 모릅니다.

우리를 행복하게 하는 것들로 인해 우리는 쉽게 행복해질 수 있지만 아쉽게도 나의 행복이 기대고 있는 그것들은 모두 변화합니다. 혹시 당장의 행복에 취해 나의 행복이 기대고 있는 것들이 이미 변화되어 가고 있음을 눈치 채지 못하고 계신 것은 아닌가요.

나의 행복이 기대고 있는 것들이 변화되어 더 이상 그것으로부터 행복을 느낄 수 없을 때 당신은 무엇을 위하여 살아갈 것입니까. 또 다른 한시적인 행복의 조건들을 찾아 그것으로부터 위로를 얻을 건가요. 그 어떤 것을 찾든 그것 또한 언젠가는 변화하게 됩니다.

　행복은 그 자체로 소중하고 의미가 있지만 그것은 아쉽게도 영원하지 않습니다. 내가 누리는 행복을 통해 나아가고자 하는 삶의 방향이 없다면 우리는 그 일시적인 행복에 쉽게 집착하게 되지 않을까 생각합니다. 집착이 클수록 그 행복이 사라질 때의 고통도 커지겠지요.

　만약 '무엇을 위한 삶을 살 것인가'에 대한 답이 스스로 정립되어 있다면 우리는 순간의 행복에 집착하지 않고 자신만의 길을 묵묵히 걸어 나갈 수 있게 되지 않을까 생각합니다.

고기 먹으러 갑니다

고기 집에 갑니다. 누군가가 '왜 고기 집에 갑니까' 라고 묻는다면 나는 '고기를 먹기 위해서죠' 라고 대답할 것입니다.

하지만 우리는 고기 집에서 고기만 먹는 것이 아닙니다. 고기를 찍어먹을 참기름장과 파절이, 마늘을 비롯한 여러 야채를 곁들여 먹습니다.

우리가 고기 집에 가는 이유는 고기를 먹기 위함이지만 우리가 고기를 먹으며 '아, 고기 참 맛있다' 라고 한다고 주인장이 고기만을 잔뜩 가져다준다면 어떨까요. 우리는 고기 맛에 쉽게 물려버릴지도 모릅니다.

우리가 고기를 맛있다고 말할 수 있는 데에는 고기와 함께 고기 맛을 돋우는 밑반찬들이 함께 어우러져야 비로소 맛있다고 말할 수 있게 되는 것 같습니다.

우리 삶은 어떨까요. 누군가가 '왜 사느냐' 고 물었을 때 '행복하려고요' 라고 말씀하시는 분들이 많이 계신 것 같습니다. '당신이 사는 목적이 뭡니까' 라고 묻는다면 여기에도 '행복하기 위해서 산다'라고 말씀하시는 분들이 많으신 것 같습니다.

행복은 삶에 있어 매우 중요한 요소임이 분명합니다. 하지만 누군가가 '왜 사십니까'라고 물었을 때 '행복을 위해서 산다'라고 하는 대답은 마치 누군가가 '왜 고기 집에 가십니까'라고 물어봤을 때 '고기 먹으러 갑니다'라고 하는 말과 비슷하게도 들립니다.

만약 '나는 행복을 위해서 산다'고 해서 나에게 계속해서 행복한 일만 일어난다면 어떨까요. 이것은 '고기가 맛있다'고 해서 주인장이 계속해서 고기만 가져다주는 것과 다르지 않다고 생각합니다.

우리에게 '행복'의 순간만 계속 된다면 처음에는 행복이 반가울지도 모릅니다. 그러나 시간이 지나면 반가웠던 행복에 대해 '이 행복이 내가 바라던 그 행복이 맞는 것인가' 의아해질지도 모릅니다.

고기가 맛있으려면 고기 맛을 돋우는 밑반찬이 있어야 하듯이, 행복이 달달하려면 행복을 돋우는 '고뇌'와 '불안'이란 쓰디쓴 밑반찬이 함께 있어야 하지 않나 생각합니다. 이것이 바로 우리 삶에 찾아오는 '고뇌'와 '불안'을 완전히 거부할 수 없는 이유입니다.

일신우일신(日新又日新)

이 세상은 매 순간 새로워집니다. 지금 내가 호흡하는 이 공기와 방금 전의 공기는 다릅니다. 이 글을 쓰고 있는 '나'와 이 글을 쓰기 전의 '나'는 다릅니다. 찰나의 순간이지만 이 세상은 미묘하게 달라졌습니다. 다만 방금 전의 '세상'과 현재의 '세상'이 같다고 바라보는 우리의 일방적인 '믿음'이 있을 뿐입니다. 매 순간이 모여 하루가 되고 일 년이 되어 결국 내 삶 전체가 만들어져 갈 것입니다.

매 순간 모든 것이 변화되고 있지만, 단 하나 고정되기 쉬운 것이 있습니다. 바로 과거에 대한 '집착'입니다. 과거에 대한 '집착'은 우리가 세상의 변화에 발맞춰 새로워지는 데에 걸림돌이 됩니다. 지나간 과거에 대한 집착이 강할수록 정신은 과거에 갇히게 되어 나의 진보는 그만큼 더뎌지게 될 것입니다.

매 순간 새로워지고 거듭나기 위해선 우리는 과거에 대한 집착을 끊을 결단을 내려야 합니다. 결단이 부족하면 '미련'

과 '회의' 라는 녀석들이 나의 정신을 과거에 가두고 말겠지요.

용기를 발휘하여 과거에 대한 집착을 끊고 나의 정신을 '현재'에 머물게 만들어야 합니다. '현재'에 머묾으로써 매 순간 변화되는 세상과 함께 새로워져야 합니다. '일신우일신(日新又日新)'은 과거에 대한 집착을 끊는 한순간의 결단에 달려있습니다.

인연에 대하여

　'인연'이라는 말이 있습니다. 내가 어떤 '대상'과 인연이 있다면 나는 그 '대상'과 쉽게 교류를 하게 되고, 반면 인연이 없는 '대상'과는 쉽게 관계를 맺을 수 없는 듯합니다. 이 '인연'은 피할 수 없는 숙명적인 의미로 많이 사용되곤 합니다만, 사실 이것은 일차적으로 나에게 달려있는 것이라 생각합니다.

　예를 들어 스트레스로 지쳐 정신적인 휴식을 원하는 A가 있다고 합시다. B라는 사람은 A에게 '명상'을 권합니다. 명상은 마음의 평화와 두뇌개발에 좋으며 정신적인 재충전에 큰 도움이 된다고 A를 설득합니다.

　하지만 A는 명상이 본인에게 큰 도움이 될 수 있다는 B의 주장에 공감을 하면서도 왠지 명상은 그다지 끌리지가 않습니다. 결국 A는 정신적 휴식을 위한 다른 방법을 찾아다니다 C라는 사람이 권하는 '낚시'를 하게 됩니다.

　또 하나의 예를 들어보면, 대학 진학을 준비하는 D라는 학생이 있습니다. D는 누구보다도 성공에 대한 열망이 강합니다. D의 아버지는 성공을 하기 위해서는 '의대'를 가야 한다고 권유합니다. 반면 D의 어머니는 돈을 많이 버는 것이 성공하는 것이라며 돈을 많이 벌 수 있는 금융권을 가기 위한 '경제학과'를 추천합니다.

D는 성공을 위해선 의대를 가야 한다는 아버지의 말에도 공감을 하고, 경제학과를 가야 한다는 어머니의 말에도 공감을 합니다. 하지만 D는 '정치인으로서의 성공이 진정한 성공'이라 판단하여 결국 정치외교학과를 선택하게 됩니다. 아버지와 어머니의 조언에 수긍은 하면서도 왠지 의대와 경제학과는 내키지 않는 것이지요.

우리는 살면서 위의 사례들과 비슷한 상황을 흔하게 관찰할 수 있습니다. 우리의 무수한 선택의 이면에는 어떠한 정보나 지식보다는 내면의 보이지 않는 '내킴' 혹은 '끌림'의 결정이 더 큰 영향을 발휘하는 것이지요.

즉, 어떤 대상에 대해 본인은 긍정적인 인식을 하고 있지만 정작 그 대상을 선택하지는 않는 것입니다. '좋은 건 알겠지만 나는 안 할래'와 비슷한 맥락이라 볼 수 있겠지요.

내게 다가오는 지식과 정보는 그 대상을 선택하기를 권하지만 정작 나의 내면의 욕망이 그것을 원하지 않는다면 나는 그것을 선택하지 않을 가능성이 높은 것입니다.

우리가 어떠한 대상과 인연이 있고 없음을 결정하는 근본적인 요인은 바로 나의 욕망이라고 볼 수 있겠지요. 아무리 좋아도 내가 내키지 않으면 나는 그것과 교류하지 않을 가능성이 높을 것입니다. 남들이 아무리 부정적으로 간주하는 것이라도 내가 내킨다면 나는 그럴듯한 합리화를 통해 그것과 교류할 가능성이 높을 것입니다.

내 욕망이 바로 나의 무수한 선택 이면의 가장 큰 결정권자이자 내 욕망이 원하는 것이 곧 나에게 인연이 있는 것이며, 욕망이 원하지 않는 것은 나에게 인연이 없는 것이라 볼 수 있겠지요.

인연은 일차적으로 나의 욕망의 선택에 달린 것입니다. 나의 욕망은 선천적인 부분이니 결국 인연이란 것은 '숙명' 적인 것이라 말하는 것이 틀린 말은 아닌 것 같습니다. 내 욕망은 타고난 것이며 욕망의 선택을 거스르기란 무척 어려운 것이니까요.

기왕 축구장을 지을 거라면

기왕 축구장을 지을 거라면, 월드컵 경기가 여기서 치러질 것이라는 가정 하에 월드컵 사이즈에 맞게 짓는 것이 좋을 것이다.

기왕 공부를 할 거라면, 세상에서 가장 높은 곳에서 가장 막중한 일을 할 것이란 가정 하에 그러한 스케일에 맞게 공부하는 것이 좋을 것이다.

사람 일은 모르는 법이니…….

나는 불안하다, 고로 존재한다

존재는 불안하다. 살아있음에서 모든 불안은 시작된다.

인생이 잘 나가는 사람은 잘나가는 만큼 불안해지고, 인생이 어긋나는 사람은 어긋나는 만큼 불안해진다.

내가 지금 너무나 행복하다면 행복한 만큼 이 행복이 사라질까 불안해지고, 내가 지금 불행하다면 불행한 만큼 다가올 미래에 대한 더 큰 불안이 생길지도 모르겠다.

우리는 살아있는 '존재'다. '살아있음'에서 비롯되는 '불안'이 있기에 우리는 우리의 '존재불안'을 잊으려 치열하게 삶에 몰두하고 인간관계를 맺는다.

'불안'은 우리의 삶을 더욱 윤택하게 하고 살아있게 만드는 힘이다. 인간에게 불안이 없었다면 지금의 물질적, 정신적 발전은 기대하기 어려웠을지도 모른다. 늘 마음이 평화롭고 고요하다면 지금과 같은 삶에 대한 치열한 모습을 기대할 수 있을 것인가?

대학교 새내기들과 취업을 앞둔 고학번들의 성숙도의 차이는 무엇인가? 그것은 '불안'의 크기에 기인한다. 고학년이 될수록 현실과 미래에 대한 커지는 불안이 그들을 성숙하게 하고 더욱 치열한 삶의 태도로 이끄는 것이다.

나는 많이 불안하다. 누군가가 아프니까 청춘이라 했던가? 하지만 청춘이 지나도 여전히 아프고 불안할 것이다. 시대와 상황이 우릴 더욱 불안하게 만드는 부분도 있겠으나, 불안의 가장 근본적인 이유는 존재의 '살아있음'이기에, 우린 살아있는 한 끊임없이 불안할 것이고 불안한 만큼 더욱 치열하고 열정이 가득한 삶을 살아갈 것이다.

잘난 척을 하는 이유

사람은 불안할수록 자신을 뽐내게 된다. 그리고 주변에 대해 긴장감을 느낄수록 강한 척을 하게 된다.

성인은 초등학생 앞에서 자신을 뽐내지 않는다. 다만 같은 초등학생만이 초등학생 앞에서 자신을 뽐낸다. 성인은 초등학생 앞에서 강한 척을 하지 않는다. 다만 같은 초등학생만이 초등학생 앞에서 강한 척을 하게 된다.

성인은 초등학생에게 아무런 불안과 긴장을 느끼지 않기에 뽐내거나 강한 척을 할 이유가 없다. 하지만 초등학생은 같은 초등학생에게 불안과 긴장을 느끼기 쉬우므로 그들은 같은 초등학생 앞에서 뽐내고 강한척할지도 모르겠다. 누군가가 강하게 자신을 뽐내고 있다면 그 사람은 그만큼 불안하고 주변에 대해 긴장을 하고 있다는 증거일지도 모른다.

나는 항상 강한 척을 한다. 그리고 은근히 뽐내기를 좋아한다. 나는 그만큼 나약하고 불안하기 때문이리라.

우연에 대하여

내 눈앞의 사건이 우연인가 필연인가 긴가민가할 때가 많다. 나는 우연과 필연은 본인이 규정하기 나름이란 생각을 해 본다.

누군가에게 아예 우연과 필연이란 개념이 없다면 이 세상이 우연인지 필연인지는 그 사람에게는 아무런 의미가 없다. 세상은 단지 우리가 살아가는 터전일 뿐이다. 거기에다 우연이든 필연이든 이름 붙이는 것은 어디까지나 본인의 선택일 뿐이다.

본론으로 돌아가서, 지금의 내 모습이 있다. 대학생이며 현재 4학년인 지금의 '나'가 있다. 지금의 '나'는 갑자기 이 세상에 '툭' 하고 생겨난 것은 아니다. 내가 27년간 겪은 모든 상황이 쌓이고 쌓여 지금의 '나'가 있는 것이다. 고로 내 과거를 돌아보았을 때 명확하게 의미를 부여할 수 있는 상황은 '필연'이라고 생각한다. 왜냐하면 그때 그 상황이 없었더라면 지금의 '나'는 존재하지 않기 때문이다. 아마 또 다른 모습의

'나'가 존재할 것이다. 지금의 '나'가 있기 위해선 과거의 그 '필연'은 반드시 내겐 필요한 순간이었다.

반면 명확하게 의미를 부여하기 어려운 애매한 상황은 '우연'이라 해도 될 것이다. 하지만 그 '우연'과 '필연'이 쌓이고 쌓여 지금의 '나'가 존재한다. 고로 내가 의미를 부여하기 어려운 상황도 지금의 '나'가 존재하기 위해선 겪어야 할 필요한 과정이었는지도 모른다.

내가 규정하는 '우연'과 '필연'의 차이는 과거의 그것에 대한 명확한 의미를 부여할 수 있는가 없는가의 차이가 아닐까 생각한다. 내가 확실하게 의미를 부여할 수 있는 과거는 '필연'이요, 확실하게 의미를 부여할 수 없는 과거는 '우연'이다.

단, 지금의 '나'는 과거의 '우연'과 '필연'이 맞물려 형성된 것이다. 과거의 '우연'이 없었다면 지금의 '나'가 존재하리라는 보장은 하지 못한다. 고로 '우연'은 단지 내가 의미를 부여하지 못한 '필연'인 건지도 모른다.

현재 내게 다가오는 여러 상황은 그냥 갑작스럽고 우연처럼 느껴지는 부분들이 많다. '내 눈앞의 일어나는 여러 사소한 현상들이 과연 내게 필연일까?' 하는 의문이 생긴다.

하지만 시간이 지나고 미래의 '나'가 되었을 때 지금을 돌이켜보면, 지금 내가 겪고 있는 많은 현상들에 내 나름의 의미를 부여할 수 있을지도 모른다. 그러면 지금 이 순간은 내게 명백한 '필연'이 되는 거겠지.

만약 미래의 '나'가 되어서도 의미를 부여할 수 없는 부분이 있다면 그것은 '우연'이 될 것이다. 하지만 지금의 '우연'과 '필연'이 쌓이고 쌓여 미래의 '나'가 만들어질 것이니 지금의 '우연' 또한 단지 내가 의미를 부여하지 못한 '필연'이 되지 않을까?

꿈은 곧 나의 사명이다

누구나 가슴속에 이루고자 하는 꿈이 있다. 내 가슴속에 이루고자 하는 꿈은 곧 내가 이 세상에 온 목적이 된다. 다른 말로 하면 이 생에서 내게 주어진 사명이 될 것이다. 그 사명을 이루기 위해 나는 이 세상에 태어났고, 이 세상에서 내 역할을 다하다가 돌아갈 것이다.

내가 가슴으로 이루고자 하는 꿈은 태어날 때부터 내 가슴속 욕망에 잠재되어 있다가 삶을 살아가는 어느 순간부터 점차 명확하게 드러나게 된다. 고로 내가 가슴으로 꿈꾸는 것이 곧 내가 이 세상에 온 목적이자 사명이 되는 것이다. 나는 나의 꿈으로써 이 생에서 주어진 사명과 이 세상에서의 역할을 다하며 살아가게 된다.

지금의 세상은 과거 수많은 사람이 자신의 꿈을 좇은 결과 만들어진 합작품이다. 다가올 세상이 궁금하다면 우리 가슴속의 꿈을 바라보면 된다. 우리가 가슴속의 꿈을 좇으며 살아가는 결과가 다가올 세상의 모습이 될 것이다.

당신의 꿈은 무엇인가요? 당신의 사명과 이 세상에서의 역할은 무엇입니까? 혹시 아직도 자신이 이 세상에 온 목적을 모르고 사는 건 아니신가요? 아니면 타인의 기대하는 대로 타인의 삶을 살고 있는 건 아니신지요. 부디 자신의 본래 삶의 목적을 깨닫고 자신만의 역할로써 이 세상을 멋지게 살아가시길 바랍니다. 꿈이란 내가 이 세상에 온 목적이자 내게 주어진 나만의 사명이 될 것입니다.

세상이 나를 알아주지 않는 이유

　네이버에 내 이름을 검색했을 때 내 이름이 나오지 않는 이유는 내가 나를 알아봐 주지 못하기 때문이다. 내가 나를 판단했을 때 미심쩍기 때문이다. 내가 나를 만인 앞에 내보냈을 때 불안하기 때문이다. 나는 아직 준비되지 않았기 때문이다.

　내가 준비되어 있는지 그렇지 않은지 가장 잘 아는 사람은 바로 나다. 나 자신이 먼저 나를 인정할 수 있도록 내공(內功)을 쌓고 공부를 하고 준비를 해야 한다. 내가 스스로 준비가 되어 더 없는 당당함이 내 안에서 올라오는 순간, 내 일상은 변하고 내 삶도 변한다.

　만인이 나를 알아주지 않는 이유는 단지 내가 아직 준비가 덜 되어 내가 나를 인정하지 못하기 때문이다. (이 글은 나에게 쓰는 다짐의 글로써 순전히 나에게만 해당하는 이야기일 수도 있겠다.)

돌무더기 꽃

좌절과 절망에는 그럴만한 이유가 있으리라. 지금은 그 이유를 알 수 없지만, 훗날 지금 내가 왜 이래야만 했는지를 알게 되리라.

일단은 '괜찮다' 한번 속삭이고, 나는 가던 길을 간다. 돌무더기가 많다 해서 내가 피우려는 꽃을 단념할 수는 없다.

다 괜찮다. 누가 뭐라던 그것은 그들만의 견해일 뿐 내가 피우려는 꽃에는 아무런 영향을 미칠 수 없다. 오직 내가 꽃을 피운다는 그 의지만이 있을 뿐이다.

돌이 많이 쌓여있을수록 그것을 뚫고 피어난 꽃은 아름다움을 넘어 경이롭다.

불 꺼진 시장

정승의 가족이 죽으면 조문객이 줄을 서지만, 정승이 죽으면 조문객은 찾아보기 어렵다. 이때 정승의 가족이 이를 야속하게 여긴다면 권력에 편승하는 세상 사람들이 야속한 것인가? 정승의 지위를 누리며 그에 따른 사람들의 추종을 당연하게 여긴 정승 가족들의 태도가 야속한 것인가?

불 꺼진 시장엔 손님이 찾아오지 않는다. 불 꺼진 시장엔 더는 볼일이 없기 때문이다. 불이 꺼졌다고 더는 시장을 찾지 않는 손님들이 야속한 것인가? 불이 꺼진 시장을 찾는 손님이 오히려 이상할지도 모른다.

불이 꺼진 시장엔 손님이 찾아오지 않는 것은 당연하고, 더는 기대할 것이 없는 곳에는 사람들이 점차 발길을 줄이는 것이 어쩌면 자연스럽다. 내 처지가 더는 남이 기대할 부분이 남아 있지 않음에도 타인에게 예전과 같은 의리를 바라는 것은 불 꺼진 시장에 손님이 계속 찾아오기를 바라는 이기적인 마음인지도 모른다.

불 꺼진 시장에 손님이 찾아오지 않는 이유는 불이 꺼져있기 때문이다. 의리를 찾는 자에겐 기대보단 실망이 기다릴 가능성이 높다. 나 스스로 항상 밝게 불을 켜놓아 남이 나에게 무언가를 기대하고 얻어갈 수 있게 하는 것이 현명하다.

남의 의리를 시험하여 그 의리를 추켜세우는 것보다 그 의리를 시험받을 상황으로 남을 몰아넣지 않는 것이 상책이다. 물론 언제나 의로운 사람은 있다. 다만 희소할 뿐이어서 이를 기대하는 것이 본인에게는 상처가 될 수도 있겠다.

내가 변화한다는 것

　내가 달라지면 세상도 달라진다. 내가 달라지면 먼저 내 주위가 달라진다. 내 주위가 달라지면 내 주위와 연결된 또 다른 주위도 달라진다.

　나의 달라짐은 끝없이 퍼져 나가 결국 이 세상 전체가 내가 달라지기 전과는 미묘하게 달라진다. 이 세상은 서로 유기적으로 연결되어있기 때문이다.

　나의 운명이 바뀌었는가? 부정적 마음가짐이 긍정적 마음가짐으로 바뀌었는가? 그럼 내 일상도 바뀌게 될 것이다. 사람들이 나를 대하는 태도도 달라질 것이고, 일의 능률도 더 오를 가능성이 높고, 긍정적인 마음이 미묘하게 나의 일상을 긍정적으로 바꾸어 놓기 시작할 것이다.

　내 마음가짐의 변화 때문에 내 일상이 변화되면 내 일상과 연결된 또 다른 주변의 일상도 변화를 맞이하게 된다. 나의 일상이 변하였으므로 그에 따른 변화의 파급이 있게 되는 것이다. 그럼 그 또 다른 주변의 일상 또한 그것과 연결된 또 다른 주변 일상의 변화를 불러오게 된다. 나 하나가 변한다는 것은 이처럼 놀라운 결과를 낳는다.

　나 하나가 바뀌기가 좀처럼 어려운 이유는 내가 바뀌는 순간, 이 세상의 흐름이 전부 다 바뀌어 버리기 때문인지도 모른다. 나를 바꾸는 자는 세상을 바꾸는 자가 된다고 하면 너무 억지스러운 말인가.

고민의 공간

내 마음엔 고민의 공간이 있다. 그 공간엔 항상 고민이 있다. 한 고민이 끝날라치면 비워두는 법 없이 새로운 고민이 들어찬다.

재밌는 것은 A라는 고민이 고민의 공간을 차지하고 있을 때 내 마음속에 A와 공존했던 큰 의미 없었던 B라는 것이 A가 해결되자마자 내 마음속 고민의 공간을 메우는 것이다. 그래서 B가 내 고민의 공간에 새로운 주인이 되고 나서는 나를 괴롭히기 시작한다.

예를 들어, 오늘 나의 기말고사가 끝났다. 기말고사가 끝나기 전까지는 나의 고민의 공간엔 기말고사가 차지하고 있었다. 동시에 나는 여름방학 때 자격증을 취득하는 것에 대해서도 생각을 하고 있었는데, 기말고사를 치르는 기간에는 그것은 내 마음에 큰 의미가 없었다.

하지만 내가 기말고사를 치르고 해방감을 만끽하려던 찰나에 곧바로 그 고민의 공간을 자격증취득문제가 차지하게 되어 날 괴롭히기 시작한다. 고민이 가져오는 괴로움의 강도는 기말고사와 비교해서 크게 다르지 않다.

어쩌면 나는 나를 괴롭히는 고민이 끝나면 새로운 고민을 찾아다니는 듯도 보인다. 나는 왜 내 마음속에 비워둘 수 없는 고민의 공간을 두고 있는 걸까? 고민의 공간은 도대체 어떤 쓸모가 있기에 내 마음을 차지하고 있는 것일까?

한편으론 이런 생각을 해봤다. 내가 정말 한가한 한량이 된다고 친다면 타인이 나를 봤을 때 나는 정말 팔자 좋은 사람처럼 보일 것이다. 나의 일상에선 나를 괴롭히는 문제가 크게 없을지도 모른다.

하지만 나는 언제나 내 마음속 고민의 공간을 채워둬야 하기에 '나는 왜 이런 육체를 가졌는가'와 같은 해결할 수 없는 고민으로 그 공간을 채울지도 모른다. 고로 나는 해결할 수 없는 고민으로 늘 허무주의적인 태도와 함께 고뇌에 빠져 살게 될지도 모르겠다.

반면 현재의 경우엔 당장 눈앞에 닥친 자격증취득문제가 내 고민의 공간을 채울 것이다. 자격증이야 내 노력 여하에 따라 얼마든지 해결할 수 있고, 그것을 해결했을 때의 후련함은 내 고민에 비례하여 다가올 것이다. 지금 내가 가진 고민은 내 노력 여하에 따라 얼마든지 미래의 뿌듯함으로 다가올 수 있다.

고로 내가 생각하는 내 마음속 고민의 공간의 존재 이유는,

내가 나태함에 빠져 해결할 수 없는 문제들로 고뇌에 빠지지 않고 끊임없이 뜻을 좇으며 열정적인 삶을 살도록 몰아세우기 위함이라고 본다.

내가 지금 무엇으로 고민하고 있는가를 잘 살펴보면 내가 얼마나 한가한 삶을 누리고 있는지 혹은 난 지금 얼마나 열정 가득한 삶을 살고 있는지를 알아챌 수 있지 않을까? 하지만 사람마다 성향은 다르니 이것은 순전히 나의 이야기일지도 모르겠다.

삶의 권태로움

삶이 항상 평화롭다면 평화로움은 자칫 삶의 권태로움으로 이어질 수 있다. 그러다 불현듯 고난이 찾아오면 그제야 우리는 평화로움의 소중함을 다시 깨닫고 삶의 열정을 되찾는다.

일이 항상 순조롭다면 순조로움은 자칫 삶에 대한 자만심으로 이어질 수 있다. 그러다 불현듯 일에 장애물이 발생한다면 그제야 우리는 순조로움의 소중함을 깨닫고 삶에 대한 겸허함을 되찾는다.

우리는 늘 더 나은 것을 원하고 바란다. 하나를 누리게 되면 그것에 점차 감흥을 잃으며 새롭고 더 나은 것을 누리길 바란다. '더 나아짐'에 대한 지향이 때론 우리가 누리고 있는 것들을 너무도 당연한 것으로 여기게 하는 것은 아닐까.

삶에서 약간의 시련과 고난은 우리가 누리고 있는 것의 소중함을 다시 돌아보고 그것을 깨닫게 하는 좋은 계기가 되기도 하는 것 같다.

불안정한 사람

불안정한 사람은 매정하다. 불안정함을 느낀다는 것은 본인의 내적인 결핍으로 스스로 마음의 중심을 잡기 어려운 상태를 의미한다. 본인이 중심을 잡기 어려우니 이리저리 기우뚱거리며 주변에 매정하고 거칠게 구는 경우가 많다.

스스로 불안정하다면 그 불안정의 원인을 찾아 그것을 메워야 한다. 내적인 결핍을 충분히 메워 마음의 중심이 잡힌다면 여유와 너그러움이 생길 것이다. 그 여유와 너그러움은 나를 빛내고 주위 사람들을 편안하고 행복하게 만들어 줄 것이라 믿는다.

불안정함을 메우는 가장 좋은 길은 끊임없는 자신에 대한 성찰이 아닐까.

안락함에 대하여

사람의 자극점은 상황에 따라 변한다. 내가 겪는 고난이 클수록 일상에서의 많은 일은 내겐 그리 큰 문젯거리로 와 닿지 않는다. 고난이 나의 자극점을 단련시켰기 때문이다.

반면 내가 누리는 안락함이 클수록 일상에서의 많은 것들은 그리 큰 만족으로 다가오지 않는다. 대부분 무덤덤하고 심심하게 느껴지며 대수롭지 않은 일에도 불쾌함을 쉽게 느끼게 될지도 모른다. 안락한 환경이 나의 자극점을 불쾌한 일에는 예민하고 즐거운 일에는 무뎌지게 만들었기 때문이다.

내가 겪는 고난이 클수록 일상의 불쾌함에 나는 좀 더 너그러운 사람이 된다. 반면 내가 누리는 안락함이 클수록 일상의 불쾌함에 나는 좀 더 까다로운 사람이 된다.

고난에 자극점이 단련이 된 사람은 언제나 작은 즐거움에도 쉽게 기뻐할 준비가 되어 있다. 반면 안락함에 자극점이 예민해진 사람은 언제나 작은 불쾌함에도 쉽게 짜증을 낼 준비가 되어 있다.

작은 즐거움에 쉽게 기쁨을 느끼지 못하고 작은 불쾌함에
도 쉽게 짜증 낼 준비가 되어 있다면 그 사람의 안락함은 오히
려 그 사람 행복의 가장 큰 장애물로 작용하고 있는 것인지도
모른다.

사주에 갇히지 맙시다

나는 세상이 내 삶을 왈가왈부하게 만들지 않겠다.

나는 타인의 어쭙잖은 입방아가 내 삶에 영향을 주도록 허락하지 않겠다.

나는 사주 따위가 내 삶을 규정짓도록 허용하지 않겠다. 내가 만약 아무런 뜻 없이 주어진 대로 산다면 내 삶은 아마도 세상에 좌지우지 되고 타인의 입방아에 방황하며 사주 따위에 빌붙을 지도 모른다.

정말로 내 삶은 나의 것이 아닌 정체성이 불분명한 안타까운 결과물이 될 수도 있겠다. 하지만 나는 뜻이 있다. 오직 나의 뜻을 향한 여정이 내 삶을 만들어 나갈 것이다.

김구 선생님께서 젊은 시절 사주와 관상을 공부하실 때, 본인의 사주와 관상이 너무나 좋지 않아 낙담하셨다고 한다. 하지만 이에 연연하지 않고 나라와 민족을 위한다는 큰 '뜻'을 품고 사신 결과, 김구 선생님의 삶은 본인이 세우신 큰 '뜻'에 맞게 펼쳐지게 되었고 후손들이 우러르고 기리는 위인이 되셨다. 만약 김구 선생님께서 그러한 큰 '뜻'이 없이 그냥 사셨더라면 우리가 아는 김구 선생님은 존재하지 않았을지도 모른다.

오직 내가 세운 '뜻'만이 내 삶을 규정한다. 사주와 관상 따위는 타인이 만들어낸 '도구'이자 '관법'으로써 본인만의 '뜻' 없이 흘러가는 대로 살아가는 자들을 위한 것일 뿐이다.

그대는 사주와 관상에 갇힐 것인가, 아니면 본인만의 '뜻'을 세움으로써 본인 스스로가 삶을 만들어 나갈 것인가.

지켜봐주는 것이 사랑이다

사랑이다.

이 세상이 두렵고 위험한 곳일수록 자립할 때까지 조용히
지켜봐 주는 것이 사랑이다.

그 서툰 모습을 꾹 참고 지켜봐 주는 것이 사랑이다.

눈앞에서 수십 번 넘어지고 깨어져도 스스로 우뚝 설 수 있
을 때까지 묵묵히 지켜봐주는 것이 사랑이다.

시간이 지나 그 누구에게도 의존하지 않고 홀로 우뚝 서게
되었을 때, 섭섭함 대신 고마움을 알게 되리라.

그것이 진정한 사랑의 표현이었음을······.

서로 다른 목적의 삶

삶의 목적이 다르면 서로의 삶이 다르다. 일례로 취업을 꿈꾸는 취업준비생들과 연예인을 꿈꾸는 연습생들은 서로가 살아가는 시간이 다르고, 서로가 살아가는 공간도 다르다.

유흥업에 종사하는 사람들과 회사에 근무하는 사람들은, 서로가 살아가는 시간이 다르고 서로가 살아가는 공간도 다르다. 서로 삶의 목적이 다르다는 것은 마치 서로가 다른 세계에 살고 있는 것과 같다.

나와 다른 목적을 가지고 살아가는 사람들의 이야기를 듣거나 그들과 직접 대화를 나눠보면 나는 신선함을 느낀다. 그들은 나와는 전혀 다른 세계에서 살고 있기 때문이다.

사람은 자신과 비슷한 목적을 가진 사람들끼리 모여 비슷한 시각으로 세상을 바라보고 이해한다. 서로 비슷한 시간과 공간에서 비슷한 흐름의 삶을 이어가는 것이다.

서로 다른 운명을 가진다는 것은 서로 다른 욕망을 가진다는 것이고, 서로 다른 욕망을 가짐으로써 서로 다른 목적을 가질 것이고, 서로 다른 목적을 가짐에 따라 서로 다른 세계에서 살아가게 된다. 따라서 나와 다른 운명을 이해하고 그들의 세계를 존중하는 것이 성숙한 사람으로써의 첫걸음이 아닐까.

타인의 존재의미

타인이 있기에 내 욕망은 비로소 의미를 가진다. 내가 좋은 마음을 먹고 좋은 일을 베풀고 싶어도, 베풀 대상인 '타인'이 없으면 나의 욕망은 무의미해진다. 내가 화가 치밀어 분노를 표현하고 싶어도, 표현할 대상인 '타인'이 없으면 나의 분노는 무의미해진다. 어쩌면 '분노'라는 감정도 타인이 있기에 발생 가능한 것인지도 모른다.

내가 잘나고 싶고, 우월해지고 싶고, 존경 받고 싶은 것은 모두 나와 비교할 수 있는 '타인'이 있기 때문이다.

나의 욕망과 감정은 '타인'이 있기에 비로소 그 의미를 가진다. '타인'이 없다면 나에겐 단순한 생존에 따른 본능만이 존재할지 모른다.

'너'가 있기에 '나'의 감정과 욕망은 살아 숨 쉬게 된다.

과거의 재해석

내가 살아온 과거는 어느 시점에 회고하느냐에 따라 해석이 달라진다.

내가 어릴 적 불우한 환경에서 자라났다고 치자. 내가 아직 기반을 잡지 못하고 방황할 때는 내 불우했던 과거가 원망스러울 것이다. 현재의 나의 방황은 마치 내 불우한 어린 시절이 이어져온 탓으로 해석될지도 모른다.

하지만 시간이 흘러 방황을 이겨내고 결국 성공을 거두게 된다면 그때에는 내 과거가 또 다르게 해석될 가능성이 있다. 불우했던 어린 시절이 있었기에 그것을 극복하고자했던 나의 오기와 끈기가 지금의 성공을 만든 동력이 되었다고 말할지도 모른다.

같은 과거를 돌아보고 해석하는 것임에도 현재의 '나'가 어떤 상태에 있느냐에 따라 전혀 다른 해석이 나올 수 있는 것이다. 나의 과거는 지금의 나의 모습에 맞게 해석된다.

정도의 차이는 있겠으나 누구나 지나온 삶에서 어둡고 음울했던 시간이 있을 것이다. 나의 어두운 과거를 밝게 승화시키기 위해 우리는 견뎌야 한다. 현재의 고난과 방황을 버텨내야 한다.

고난의 순간에 놓였을 때 섣불리 나의 과거를 해석하지 말고 그것을 온전히 버텨낸 후에야 비로소 나의 과거를 돌아보아야 한다. 고난을 버텨낸 자에겐 불우한 과거는 본인의 성공을 빛내줄 훌륭한 이력이 되어있을 것이다.

'나의 성공의 8할은 그때의 불우함이 만들었노라' 고······.

느낌에 대하여

　우리는 주로 '느낌'에 의해 '행위'를 결정한다. 배가 고파 식당가에 가면 우리는 '먹고 싶다'는 '느낌'을 유발하는 곳을 찾아 식사를 하게 된다. 잘되는 식당은 식당을 보는 순간 '먹고 싶다'는 느낌이 들고, 잘 안 되는 식당은 식당을 보는 순간 '먹고 싶다'는 느낌이 거의 들지 않는다.

　내가 생각하는 잘되는 식당의 조건은 그 식당을 보는 순간 '먹고 싶다'는 느낌을 유발하는 것이 첫째요, 그 식당의 서비스나 음식의 질은 둘째라고 생각한다. '먹고 싶다'는 '느낌'을 풍길 수 없다면 애초에 사람들은 그 식당에 발을 들이지 않을 것이다.

　어쩌면 '먹고 싶다'는 느낌의 영향으로 인해 우리는 잘되는 식당의 음식 맛을 다른 음식점보다 더 맛있다고 평가하며 자주 찾게 되는지도 모른다. 물론 월등한 수준의 서비스와 맛으로써 장사가 잘되는 집도 있긴 하다. 하지만 그러한 집도 우선은 사람들로 하여금 '먹고 싶다'는 느낌을 유발했기에 월등한 수준의 서비스와 맛을 제공할 기회를 얻은 것이다.

'깨진 창문 효과' 도 비슷한 이치이다. 깨진 창문 효과란 어떤 건물의 유리창이 깨진 채로 방치가 되면 시간이 지날수록 그 건물은 더욱 엉망진창이 되어가는 현상이다.

우리는 깨진 창문이 계속해서 방치된 건물을 보게 된다면 그 건물에 대해 '함부로 행동해도 괜찮다' 는 느낌을 받기 쉽다. 고로 그 건물은 우리의 자연스러운 '느낌' 에 따른 행동에 의해서 점점 황폐화되고 범죄자의 아지트로 전락하기 쉬운 것이다.

사람들이 이미지 메이킹에 많은 돈을 투자하는 것도 비슷한 맥락이다. 자신이 가지길 원하는 '느낌' 을 체득하여 남들에게 그러한 '느낌' 을 풍기기 위해서다. 자신이 원하는 '느낌' 을 다른 이에게 풍김으로써 상대방은 그 '느낌' 에 맞는 반응과 행동을 보일 것이다.

주로 사랑스러운 '느낌' 을 풍기려 노력했다면 사람들은 그 사람이 풍기는 사랑스러운 '느낌' 에 따라 따뜻한 관심과 호감을 가질 확률이 높겠고, 믿음직스럽고 신뢰감 있는 '느낌' 을 풍기려 노력했다면 사람들은 그 '느낌' 에 따라 그 사람에게 무언가를 믿고 맡기는 일이 더 늘어날 지도 모른다.

하지만 우리는 이러한 '느낌' 을 때론 냉정하게 바라볼 필요가 있다. 단순히 '느낌' 에 자신의 '반응' 과 '태도' 를 맡겨버린다면 그것은 그냥 상황에 의해 휩쓸려 사는 것과 전혀 다르지 않다.

내가 어떤 '사물' 혹은 '사람'을 보고 어떠한 '느낌'을 가졌다면 그 '느낌'에 따른 '태도'와 '행위'를 취하기 전에 그 '느낌'이 과연 그 대상의 진면모를 반영한 것인지 냉정하게 살필 필요가 있다. 우리의 실수와 오해는 그 대상이 풍기는 '느낌'과 그 대상의 '실체'를 구분하지 못하는 데서 비롯되는 경우가 많으니까. 항상 '느낌'이 그것의 '실체'를 말해주는 것은 아니다.

대상과 욕망

    우리는 '대상'을 보고 욕망을 한다. '대상'이 없으면 욕망도 없다. 아마존의 원시부족의 일상에는 우리가 욕망하는 '명품'이나 '자동차' 같은 대상이 없다. 고로 그들에게는 명품과 자동차에 대한 '욕망'이 없다.

    그들에게는 단지 그들 일상에서 마주치는 '대상'들 가령, 사냥감이나 천연장식물, 동물의 깃털 같은 '대상'들만이 그들의 욕망의 범주에 놓인다. 우리의 일상에 새로운 '대상'이 생겨나면 그 '대상'에 대한 새로운 '욕망'이 생겨난다.

    우리는 우리 앞에 놓인 '대상'의 가짓수만큼의 다양한 욕망을 가지고 살아간다. 행복지수가 높은 곳은 욕망의 대상이 될 만한 것들의 가짓수가 다른 곳보다 상대적으로 적다. 욕망의 대상이 적으니 그만큼 욕망의 가짓수가 적고, 따라서 욕망의 충족이 쉽다.

    반면 욕망의 대상이 많은 곳은 그만큼 욕망의 가짓수가 많기에 욕망의 충족이 쉽지 않아 늘 불만과 결핍을 느끼기 쉽다.

다양한 상품과 즐길 거리가 즐비한 곳일수록 사람들의 행복
도가 그리 높지 않은 이유 중 하나는, 그만큼 우리의 욕망이
다양하고 세분화되어 욕망의 충족이 쉽지 않기 때문인지도
모른다.

세상이 다르게 보이는 순간

줏대가 없는 사람은 소신이 있는 사람을 두고 '타협할 줄 모르는 고집이 센 사람'으로 바라볼지 모른다. 만약 줏대가 없는 사람이 소신을 가지게 된다면, 다시금 예전의 소신을 가진 사람을 바라볼 때 그 사람을 다시 평가하게 될 것이다. '자기만의 신념을 가진 멋진 사람'이라고.

내가 비관적이고 우울하면 낙관적이고 희망찬 사람을 '돈키호테'처럼 바라볼지 모른다. 하지만 내가 강한 의지를 품고 긍정적인 사람으로 변화된다면 이전에 내가 돈키호테처럼 여겼던 사람을 다시 바라보게 될 것이다. '삶에 대한 현명한 태도를 가진 사람'이라고.

내가 변하면 세상도 달리 보인다. 그리고 '나' 자신의 긍정적 변화를 체험한 사람은 다른 이에게서도 마찬가지의 '희망'을 발견한다. '당신도 나처럼 변할 수 있다'고 말이다.

아우라에 대하여

만약 느낌이 불쾌한 사람이 눈앞에 있다면 당신은 그 사람에게 친절할 수 있는가? 아마 대부분 무의식적으로 그 사람을 회피하거나 그 사람의 말에 싸늘하게 대꾸할 것이다. 만약 내 눈앞에 있는 사람이 풍기는 '느낌'이 유쾌한 경우라면 정반대의 일이 일어날 것이다.

나는 내 눈앞의 사람을 전혀 알지 못한다. 단지 본능적으로 그 사람으로부터 느껴지는 '느낌'에 의해 내 태도와 행동을 결정한다. 아마 대부분 그러할 것이다. 만약 내가 모르는 사람들에게 접근했을 때 많은 사람이 내게 무뚝뚝하고 싸늘한 반응을 보인다면 그날의 내가 풍기는 '느낌'은 그리 유쾌하지 않은 건지도 모른다.

그렇다면 내가 풍기는 '느낌'은 어디에서 비롯되는가? 내가 풍기는 느낌을 형성하는 데에는 외모와 옷차림 그리고 아우라 등 여러 요인이 있을 것이다. 외모와 옷차림의 경우 아무리 화려할지라도 그 사람이 풍기는 아우라가 우울하다면 그 사람은 긍정적인 느낌을 타인에게 풍기긴 어렵다고 본다. 반대로 외모와 옷차림이 수수할지라도 그 사람이 풍기는 아우라가 유쾌하고 활력이 넘친다면 그 사람은 타인에게 긍정적인 느낌을 풍길 가능성이 높다.

내가 생각하는 나의 느낌을 결정하는 중요한 요인은 바로 '아우라'다. 이 '아우라'는 주로 나의 현재의 마음상태에서 비롯된다고 생각한다. 내 마음상태가 긍정적이고 밝다면 내 아우라도 그러할 것이다.

늘 긍정적이고 마음이 따뜻한 사람과 부정적이고 염세주의적인 사람이 동시에 내 눈앞에 있다고 생각해보라. 그 느낌이 어떠할까? 긍정적이고 따뜻한 마음을 가진 사람은 밝고 화사한 아우라를 뿜어낼 것이며 그에 따라 나는 그 사람과 함께 웃으며 이야기를 나누고 싶을 지도 모른다. 반대로 부정적이고 염세주의적인 사람의 경우엔 어두운 아우라를 뿜어낼 것이며 그에 따라 나는 그 사람과는 가급적 거리를 두고 싶을 지도 모른다.

나는 밝고 긍정적인 사람인가? 사람들이 이유도 없이 내게 불친절하고 무뚝뚝하다면, 세상을 욕하기 전에 내 마음을 한번 살펴보자. 내 마음이 어둡고 일그러져 있으면 내가 풍기는 아우라도 그럴 것이고, 따라서 사람들의 반응도 대체로 어두울 가능성이 높기 때문이다.

내 삶에 배반당하지 않기 위하여

모든 삶은 진지하다. 일견 가벼워 보이는 삶도 그 속사정을 들여다보면 결코 가볍지 않다. 이 세상에 자신의 삶을 가볍게 여기는 이는 없다. 단지 그 당사자의 마음을 모르는 이가 그 사람의 삶을 그렇게 바라볼 수 있을 뿐이다.

한량도 한량 나름의 삶의 고뇌가 있고, 삶에 대한 자신만의 신념과 철학이 있다. 우리가 천대하는 노름꾼, 범죄자와 같은 사람들도 마찬가지일 것이다. 삶에 대한 진지함에 있어서는 그들이나 일반인들이나 결코 큰 차이는 없다. 다만 그 진지함이 '무엇을 위한 진지함인가' 라는 삶의 방향성의 차이가 있을 뿐이다.

내 삶에 내가 배반당하지 않으려면 '삶을 얼마나 치열하게 살 것인가' 만큼 '무엇을 위한 삶을 살 것인가' 라는 삶의 방향성 문제를 바로 정립하는 것이 중요하다고 생각한다.

상대방의 말

상대방이 나와 대화할 때 주로 무슨 주제를 두고 이야기를 길게 유지할 수 있는지 잘 지켜보자. 그곳에 나의 욕망이 담겨 있기 때문이다.

상대방이 내가 원하지 않는 이야기를 길게 하게 된다면, 나는 무의식중에 내 불편한 심기를 상대방에게 드러내게 될 가능성이 높다. 상대방은 눈치가 없거나 자신의 주장을 내게 관철시키러 온 것이 아닌 이상 나의 불편한 태도를 보고 주제를 다른 것으로 전환하려 노력할 것이다.

만약 내가 100명의 사람을 만났을 때 80명 이상의 사람들이 내게 정치 이야기를 길게 늘어놓을 수 있다면 나는 무척 정치에 대해 관심이 많다는 것이다.

사람들이 내게 주로 무슨 이야기를 길게 늘어놓는가. 그것을 잘 살펴보면 내가 무엇을 원하고 지향하는지 '나'를 알아가는 데 도움이 된다고 생각한다.

대학의 진정한 의미

대학생인 나는 대학의 진정한 의미를 알고 있는 것일까. 남들처럼 불안에 쫓기며 단순히 취직 걱정만을 하고 있는 것은 아닐까.

대학이 이 사회에서 가지는 진정한 의미는 무엇일까. 단순히 기존의 사회가 유지되는 데 필요한 고학력자들을 양성해내는 곳일까.

아닐 것이다. 대학은 사회가 유지되는 데 필요한 고학력자들을 양성해내는 곳이기도 하겠지만, 어떤 이에게는 인류와 사회의 새로운 도약을 갈망하고 더 나아가 그것을 이끌어 갈 수 있는 자기만의 역할을 모색하는 곳이기도 할 것이다.

대학생인 나는 현재 나의 위치와 그 의미를 너무 협소하게 바라보고 있는 것은 아닐까. 누군가는 취업 걱정을 넘어 인류의 성숙과 발전에 대해 한 번쯤 생각해봐야 하지 않겠는가. 대학이 바로 그러한 모색을 실천할 사람들을 양성하는 요람이라 바라보면 안 되는가.

나의 이러한 글이 너무나 비현실적이고 한심하게 보인다면 그만큼 이 사회의 분위기가 꿈의 상실과 패배감에 젖어있다는 반증일 것이다.

우리 사회가 경쟁을 선택한 이유

우리는 경쟁을 중시하는 사회에 살고 있다. 우리 사회가 경쟁을 주된 시스템으로 채택한 이유는 경쟁이 결과적으로 '다수에게 이로울 수 있다'는 판단을 내렸기 때문이다. 즉, 단순히 경쟁이 좋아서가 아니라 경쟁이 다른 시스템에 비해 사회와 다수 사람에게 좀 더 이로울 수 있기에 경쟁을 채택한 것이다. 만약 경쟁보다 더 효과적이고 다수에게 이로울 수 있는 시스템이 등장한다면 우리 사회는 경쟁 대신 그것을 새로운 사회의 시스템으로 채택하게 될 것이다.

하지만 많은 사람은 이 부분에 대해 오해를 하는 듯 보인다. 경쟁은 인간사회가 선택할 수밖에 없는 필연적인 시스템이자 타인을 짓밟고 올라서야 비로소 내가 생존할 수 있는 원리로 받아들여지는 듯하다.

게다가 경쟁사회에서는 주로 능력 있는 이기주의자들이 성공한다는 믿음 하에 똑똑함과 이기주의로 무장하려는 암묵적인 다짐이 많은 사람의 마음속에 자리 잡고 있는 듯 보인다.

결과적으로 이러한 왜곡된 사회의 경쟁 분위기가 본인과 가족만을 위한 이기주의적 삶의 태도를 낳는 경향이 있는 것이다.

하지만 이러한 이기주의는 자연스러운 현상으로써 사회에 널리 용인되고 있으며 그 누구도 이 부분에 대한 직접적인 의문을 제기하지는 않는다. 이러한 이기적 행위들이 결과적으로 타인과 이 사회에 충분한 이로움을 주고 있기 때문이다.

본인만을 위한 소비와 여가생활이 사회에 돈이 흐르게 하고 경제를 살아있게 한다. 게다가 본인의 더 큰 이기적 욕망을 충족하기 위해 사람들은 경제활동에 충실하며 더 많은 돈을 모으려 애쓴다. 이기주의의 용인이 개인의 생산성을 독려하고, 소비를 촉진하며, 경제를 살아있게 한다.

애초에 다수에게 이로움을 창출하기 위해 도입한 경쟁 시스템에서 누구나 이기주의자로 변모하기 쉽지만, 그러한 이기주의가 결과적으로 타인과 사회 전체에 이로움을 주고 있었기에, 우리 사회는 그것을 용인하고 너그러이 바라봐준다.

결론을 말하면, 우리 사회에서 경쟁이 채택된 이유는 경쟁이 다른 시스템보다 이 사회와 다수의 사람에게 더 큰 이로운 결과를 가져다준다는 전제가 있기에 경쟁이 채택된 것이고, 본인만을 위한 이기주의가 허용되는 이유는 그 이기주의가 결국 나를 위하는 만큼 타인과 사회에 이로움을 주고 있었기에 이기주의가 널리 용인되고 있었던 것이다.

만약 경쟁과 이기주의가 사회와 다수에 이롭지 않다는 전제가 있었다면 우리는 경쟁과 이기주의를 허용하지 않았을 것이다. 우리 사회는 항상 다수에게 더 이로운 결과를 낳는 선택만을 추종하기 때문이다. 큰 틀에서 보면 나를 위한 것이 남을 위한 것이 되고, 남을 위한 것이 나를 위한 것이 되기도 한다.

모두가 성장을 바란다

존재는 성장을 원한다. 존재는 어제보다 오늘이 더 나아지길 바란다. 존재의 본성 중 하나는 끝없는 성장의 추구이다.

나무는 어제보다 오늘 더 푸르길 원하며 더 위로 솟아오르기를 바란다. 따라서 열심히 뿌리로 영양분을 빨아들이며 생존을 추구한다.

동물은 어제보다 오늘 더 날렵하길 원하며 육체적으로 더 강해지는 것을 바란다. 따라서 열심히 먹잇감을 찾아다니며 생존을 추구한다.

사람은 어제보다 오늘 더 나아지길 바라며 더 풍요롭고 더 높은 삶의 질을 추구한다. 따라서 열심히 공부하고 열심히 일하며 원만한 인간관계를 맺으려 노력한다.

존재는 더 나아지길 바라고 더 성장하길 바란다. 존재의 보편적인 성질인 '성장에의 추구'는 일종의 이 세상의 '기준 법칙'이라 볼 수 있다. 다른 존재의 '성장'을 돕는 행위는 이 세상의 기준 법칙에 이로움으로 그것은 보편적인 '선(善)'이 될 것이고, 다른 존재의 '성장'을 막는 행위는 이 세상의 기준 법칙에 해로움으로 그것은 보편적인 '악(惡)'이 되지 않을까?

더 나아지고 싶고 더 성장하고 싶은 마음은 사람이나 동물이나 식물이나 마찬가지다. 따라서 서로의 존재를 존중하며 서로의 의지를 꺾지 않고 서로의 성장을 북돋워 주는 것이 진정한 '선(善)'한 존재로서의 자세가 아닐까.

남의 기를 꺾기보단 남의 기를 살리고, 남의 의욕을 꺾기보단 남의 의욕을 북돋워 주고, 말 한 마디라도 따뜻하게 건네는 사람이 되고 싶다.

일상은 참 소중하다. 무슨 일이 있어도 일상에 대한 열정이 식어선 안 된다. 일상은 나를 낳았고, 나를 길렀고, 내가 지금 살아가는 터전이다. 반복되는 일상이 때론 무료하고, 때론 힘겹고, 때론 즐겁지만……

시간이 지날수록 별다른 감흥이 느껴지지 않는 듯한 이 일상에서 우린 살아가고 생을 마칠 것이다. 사마천의 『사기』와 『삼국지』 영웅들의 일화와 각종 위대한 인물들의 이야기는 모두 우리가 경험하는 나른한 일상에서 일어난 일들의 기록이다.

어떤 충격적이고 놀라운 사건도 모두 일상에서 일어나는 것이고, 잊지 못할 영광과 치욕스런 굴욕도 모두 일상에서 경험하는 것들이다. 만약 내가 대통령이 된다고 해도 그것은 일상에서 이루어지는 것이다.

일상은 소중하다. 내 삶의 바탕이고 터전이기에. 따라서 하루하루 반복되는 나의 일상에 최선을 다해야 한다.

시련

시련은 시험이다. 내 의지가 진정한 것인지 아니면 단순히 바라왔던 것인지를 판가름하는 시험이다. 시련 앞에 무릎을 꿇게 된다면 그동안 나의 의지는 진정한 것이 아니었음이 분명하다.

내가 정말로 간절히 원하는 것이라면 시련을 토대로 나는 나의 의지의 진실함을 더욱 강하게 확인하기 때문이다.

몇 번의 시련을 거치고 나면 나 스스로 나의 의지에 대한 강한 확신을 하게 되며, 그 확신은 반드시 '토로'로써 내 일상에 반영된다. 내 일상은 주로 내 깊은 의지의 흐름이 반영되어 나타난 것이기 때문이다.('토로'에 대한 더 자세한 내용은 『하늘공부 3』 참조)

본인의 삶의 흐름을 긍정적으로 전환하고자 시각화와 자기 암시를 시도하는 사람들이 있다. 처음에는 생각대로 잘되지 않을지도 모른다. 꾸준한 상승추세를 보인 주식도 처음에는 바닥을 다지며 지지부진한 경우가 많다. 바닥 다지기를 무사히 마친 후 상승에 탄력이 붙기 시작하더라도 마디마다 쉬어 가는 조정구간이 기다리고 있다.

시각화와 자기암시를 꾸준히 하다 보면 일상의 흐름이 미묘하게 변화되기 시작하는데, 그 와중에 몇 차례 나의 노력에 큰 혼란과 회의를 가져다주는 상황이 오기 마련이다. 그 시험의 순간을 잘 넘겨야 한다. 동시에 그 순간이 바로 내가 지금 시각화하고 자기암시 하는 것이 나의 진정한 의지인지를 확인할 좋은 기회이다.

만약 회의와 혼란에 굴복하여 다시 원점으로 돌아가면 그동안 나의 의지는 단순한 바람으로써 나의 진정한 의지가 아니었음이 밝혀진 것이다. 다시금 찬찬히 나의 진정한 의지가 무엇인지를 모색해볼 필요가 있다. 삶에 있어 가장 중요한 것은 '치열함' 보다는 '올바른 방향' 이기 때문이다.

SNS에 대한 단상

누군가의 페이스북을 본다는 것은 그 사람의 365일 중 사진으로 남길 수 있었던 가장 인상 깊고 뿌듯한 순간들을 보게 되는 것 같습니다. 페이스북을 통해 노출된 타인의 순간들을 통해 우리는 그 사람의 삶 전체를 음미해 보기 쉽습니다.

하지만 페이스북에 담긴 그 모습들은 단지 일 년의 며칠에 불과한 아주 짧은 순간들이지요. 우리는 그 사람과 자주 만나는 사이가 아니라면 페이스북에 노출되지 않는 더 많은 순간을 알기란 어려운 일입니다.

어쩌면 페이스북에 드러낼 그 의미 있는 순간들을 보내기 위하여 더 많은 시간을 남모를 고민하며 열심히 애써왔는지도 모르지요. 페이스북에 노출된 순간들은 그동안 타인에게 보이길 꺼려왔던 더 많은 노력의 순간들을 위한 일종의 심리적 보상이 될 수도 있을 것 같습니다.

사람들의 관심에는 에너지가 담겨 있습니다. SNS는 활용하기에 따라 사람들의 관심을 통해 삶의 추진력을 얻을 수 있는 좋은 창구가 될 수 있을 것입니다.

혹시 주위에 SNS를 통해 사람들에게 자신을 자주 드러내고 싶어 하는 사람이 있다면, 그만큼 사람들의 관심을 통해 채워야 할 결핍이 많은 경우인지도 모릅니다. 부디 그들에게 따뜻한 위로와 격려를!

마음의 돋보기

우울할 때 나를 가만히 보면 내 삶에 있어 가장 어두운 부분에 마음의 돋보기가 향해있다. 기분이 좋을 때 나를 가만히 보면 내 삶에 있어 가장 밝은 부분에 마음의 돋보기가 향해있다.

내 마음의 돋보기가 움직임에 따라 나는 그 돋보기를 통해 확대되어 보이는 나의 현실의 모습에 기뻐하기도 하고 우울해하기도 한다. 마음의 돋보기가 비추고 있는 부분은 너무도 크게 확대되어 다가오기에 나는 그것 외의 내 삶의 다른 부분을 돌아볼 여유를 가지기가 쉽지 않은 것 같다.

하지만 나는 안다. 나의 삶에는 언제나 밝음과 어둠이 공존한다는 것을. 다만 내 마음의 돋보기의 움직임과 그것이 머무는 기간에 따라 나의 감정은 요동을 친다.

우울함이 지속될 때에는 그저 돋보기가 밝은 부분을 다시 비춰주기를 조용히 기다릴 뿐……

자유인으로의 고독

세계에는 많은 지역이 있다. 그중에는 내가 이미 가봤거나 혹은 가보고 싶어서 내 마음에 떠오르는 지역이 있고, 반대로 내 마음에 전혀 떠오르지 않는 지역이 있다.

내 마음에 단 한 번도 떠오르지 않는 지역은 나의 세계에서는 이 세상에 존재하지 않는 것이나 마찬가지다. 내 마음에 떠오르지 않았으니 나는 특별한 이유가 생기지 않는 한 그 지역에 갈 일이 없을 것이고, 따라서 그 지역은 나와는 전혀 무관한 채로 존재하게 되는 것이다. 마치 대양에 있는 수많은 이름 모를 섬 중 하나인 것처럼……

사람의 경우도 비슷하다고 생각한다. 내 마음에 떠오르는 사람이 있고, 내 마음에 전혀 떠오르지 않는 사람이 있다. 내 마음에 떠오르지 않는 사람은 상황에 의해 우연히 연결되지 않는 이상 나와 만날 일이 없을지도 모르고 전혀 관계할 일이 없을지도 모른다.

일단 누군가와 만나게 된다면 그 전에 내 마음이나 혹은 상대방의 마음에서 서로를 떠올려야 하는 과정이 필요하다. 우연한 상황에 의해 만남이 이뤄지지 않는 한 서로가 서로를 마음속에 단 한 번도 떠올리지 않는다면 우리는 서로를 지구 상의 수많은 이름 모를 생명체 중 하나로 느낄 뿐이다.

만약 이 세상 사람들이 점점 나를 마음속에 떠올리지 않게 된다면 그만큼 사람들이 나를 찾는 빈도는 줄어들 것이고, 나는 이 세상에 홀로 독립된 섬처럼 느껴질 수도 있겠다. 동시에 나는 자유로워질 수 있다. 그동안 주위의 영향으로 타의 반, 자의 반으로 내 삶을 채워나가고 있었던 알 수 없는 것들이 하나둘 사라져 갈 것이고 그 빈자리는 온전히 내가 원하고 추구하는 것들로 채워지게 될 것이다.

사람들이 나를 더는 마음속에 떠올리지 않는 것이 슬픈 이유는, 어쩌면 완전한 자유인으로의 고독이 두렵기 때문인지도 모른다.

화려함에는 슬픔이 배여 있네

무척 귀여운 강아지가 있다. 그 강아지의 귀여움이 클수록 강아지가 견뎌야 할 슬픔도 커진다. 시간이 지나면 그 귀여움은 점점 사라지기 때문이다.

화려한 전성기를 보내는 가수가 있다. 그 가수의 전성기가 화려할수록 가수가 견뎌야 할 슬픔도 커진다. 시간이 지나면 그 인기는 점점 사라지기 때문이다. 그 가수는 사람들의 관심과 환호가 예전과 같지 않음을 느껴가며 여생을 보내야만 할 것이다.

누구나 찬란하고 더욱더 화려해지기를 원한다. 하지만 찬란함과 화려함 뒤에는 그만큼의 견뎌야 할 슬픔과 공허함이 기다리고 있는지도 모른다.

밥의 격(格)

내가 밥을 먹는 이유는 무엇일까. 밥을 먹은 그 힘으로 무엇을 하기 위함일까. 내가 밥을 먹는 이유가 단지 나와 내 가족의 풍요와 행복만을 위한 것이라면 내가 먹는 밥은 오직 나와 내 가족에게만 소화될 뿐이다. 이것은 누구나 먹는 평범한 밥이다.

만약 내가 밥을 먹는 이유가 나와 내 가족의 행복뿐만 아니라 '나만을 위해서만 살지 않겠다' 라는 뜻을 이루기 위함이라면 내가 먹는 밥은 나와 내 가족을 넘어 만인에게 소화되는 밥이 될 것이다. 이것은 귀한 영웅의 밥이다.

누구나 먹는 밥이지만 그 밥을 먹는 주체가 어떤 '뜻' 으로 사느냐에 따라 그 밥의 격(格) 또한 달라진다고 생각한다.

이 세상은 70억 명의 '나' 와 '너' 로 이루어져 있다. 고로 수많은 '나' 와 '너' 가 올바르게 깨닫는다면 세상은 반드시 바뀐다.

세상의 화를 만드는 것도 '나' 와 '너' 요, 세상의 복을 만드는 것도 '나' 와 '너' 요, 누군가의 불운도 '나' 와 '너' 에 의해서 만들어지고, 누군가의 행운도 '나' 와 '너' 에 의해서 만들어진다.

사악한 시스템도 '나' 와 '너' 를 통해서 운영되고, 이로운 시스템도 '나' 와 '너' 를 통해서 운영되고, 전쟁도 '나' 와 '너' 를 통해서 일어나고, 사랑도 '나' 와 '너' 를 통해서 일어난다.

모든 것은 '나' 와 '너' 를 통해서 이루어진다. 사람의 운명도 수많은 '나' 와 '너' 를 통해 이루어지는 것이다. 내가 운이 좋다면 그것은 나를 도와준 수많은 '너' 가 있기에 가능한 것이다.

만약 내가 세상이 마음에 들지 않는다면 그것은 '나' 와

'너'의 마음이 같지 않기 때문일 것이다. 내가 마음에 들어 하지 않는 부분도 결국 '나' 아닌 누군가인 '너'가 만들어 가는 것이기에.

고로 변화의 주체는 '나'와 '너', 혁명의 대상도 '나'와 '너', 변화의 시작도 '나'와 '너'에서부터 이루어져야 한다. '나'와 '너'에서 긍정적인 깨달음이 일어나는 순간, 세상은 이미 바뀌어 있다고 믿는다.

미래는 순식간에 온다

과거엔 지금 현재의 내 모습에 대한 책임이 있다. 과거의 그 어떤 사소한 순간도 현재의 내 모습에 대한 책임을 피할 수 없다.

현재엔 다가올 미래의 내 모습에 대한 책임이 있다. 현재의 그 어떤 사소한 순간도 미래의 내 모습에 대한 책임을 피할 수 없다.

과거에서 현재도 그랬듯이, 현재에서 미래는 순식간에 다가온다.

나는 지금 무엇을 하고 있는가. 지금 내가 하는 것에 나는 온전히 책임을 져야 한다.

삶의 여백

나는 여백을 좋아한다. 무엇인가를 채울 수 있기 때문이다. 나의 외로움은 여백이다. 외로움이 있기에 나는 사람과의 만남을 즐길 수 있다. 사람들과의 즐거운 추억은 모두 나의 외로움이란 '여백' 덕분이다. 외로움이 없다면 사람을 만나는 행위가 귀찮음으로 다가올지도 모른다.

나의 부족함도 여백이다. 부족함이 있기에 나를 도와줄 사람이 필요하고 함께 일을 도모할 수 있다. 나의 폭넓은 인간관계와 넘쳐나는 정(情)은 대부분 나의 부족함이란 '여백' 덕분이다. 스스로 부족함을 못 느끼는 자는 홀로 고독을 즐길 뿐이다.

혹시 여백이 없는 아쉬움 없는 삶을 원하는가? 그대 삶 속의 즐거움 대부분이 실은 그대의 아쉬움에서 비롯된다는 사실을 알아채야 한다. 아무런 아쉬움이 없는 자는 채우고자 하는 욕구도 부족하여 늘 고독하고 심심할 뿐이다.

여백이 있기에 채우고자 한다. 그 채움의 과정이 우리의 삶을 충만하게 만든다. 나는 오늘 무엇으로 나의 여백을 채워볼 것인가?

우울함도 때론 좋지 아니한가

갑자기 울적한가? 그대로 놔두라. 기분전환 하려 말고 그대의 우울함을 그대로 놔두라. 멋진 사색을 경험하게 될지도 모르니. 그대의 삶을 돌아보고 그대 삶의 가치관을 재정립할 좋은 기회가 될지도 모른다.

그대는 못생겼는가? 그대로 놔두라. 뜯어고치려 말고 그대의 외모를 그대로 놔두라. 외모를 고치게 되면 내면과 능력보단 외모에 의존하게 될지도 모르니. 공부에 대한 열의가 전보다 약해지거나, 그대에게 정답게 다가오던 사람들이 그대를 낯설게 느끼거나, 그대가 조금만 이성에게 친절해도 오해받을 일이 생길지도 모른다.

그대는 고통을 느끼는가? 그 고통을 한번 가만히 내버려두는 건 어떤가. 그 고통이 일어난 건 그대 삶에 있어 어떤 이유가 있는지도 모른다. 그 고통을 조용히 느끼며 고통 때문에 달라진 그대의 모습을 보라. 어쩌면 그대의 내면과 의지를 단련하기 위해 그 고통이 일어났는지도 모른다. 그대는 새롭게 거듭난 내면과 의지를 통해 이전엔 엄두도 내지 못한 일들에 도전하며 새로운 삶을 살아가게 될지도 모른다.

좋으면 좋아서 좋고, 아프면 아파서 좋고, 싫으면 싫어서 좋다. 좋으면 좋은 데서 비롯되는 결실이 있고, 아프면 아픈 데서 비롯되는 결실이 있고, 싫으면 싫은 데서 비롯되는 결실이 있다.

좋고, 아프고, 싫은 것은 어느 한 쪽만을 편식함이 없이 두루두루 섭취해야 성숙한 '나'로 거듭나는 데 도움이 될 것으로 생각한다.

고래를 만나러 갑니다

　개울물에서 한참을 가재와 놀다가 가재를 놓아버리면 강으로 나아가 숭어를 만날 수 있다. 숭어와 한참을 강에서 놀다가 숭어를 놓아버리면 바다로 나아가 고래를 만날 수 있다.

　가재와 노느라 헤어 나오지 못하면 숭어를 만날 수 없고, 숭어와 노느라 헤어 나오지 못하면 고래를 만날 수 없다.

　나는 고래를 만나러 간다. 그리고 바다가 끝이 아니라면 고래마저도 놓아버리고 더 멀리 끊임없이 나아가리라.

장미와 잡초

나는 가끔 내 마음에 비치는 장미와 잡초를 본다. 만약 어떤 선택사항 앞에서 내 마음에 장미보다 더 많은 잡초만이 보인다면, 비록 수많은 사람의 마음속에 장미가 비친다 하여도 나는 그것을 선택하지 않을 것이다. 사람들과 마찬가지로 나도 잡초보다는 장미가 더 많이 보이는 곳을 향하고 싶기 때문이다.

우리는 같은 대상을 보건만 나에게는 장미로 보이는 것이 누군가에게는 잡초로 보이기도 한다.

하지만 나는 안다. 장미와 잡초는 모두 내 욕망의 표현이란 것을. 우리는 저마다의 장미를 좇으며 그렇게 산다.

내 삶의 주인공 '나'

'나' 에 대해 알아보는 시간

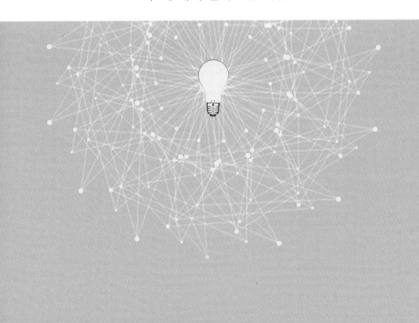

나를 사랑한다는 것

사람은 저마다의 방식으로 자기 자신을 아끼고 사랑한다. 자신을 사랑하는 만큼 어떠한 어려운 상황 앞에서도 굴하지 않고 자신의 더 나은 모습을 그리며 묵묵히 삶을 이어나간다.

사람들은 자기 자신을 진정으로 사랑한다는 것을 증명하기 위해 열심히 공부하여 좋은 직장을 구하고 연봉을 높이며, 차와 집을 더 좋은 것으로 바꾸길 원한다. 높은 연봉과 높은 지위 그리고 근사한 집을 마련하기 위해 치열하게 공부하며 열심히 노력하는 것을 나 자신을 진정으로 사랑하는 길이라 굳게 믿고 있는 것 같다. 나를 더 사랑하기에 더 높은 지위, 더 높은 연봉, 더 좋은 집을 원한다는 것이다.

하지만 그것이 진정으로 나를 사랑하는 길일까? 나를 사랑하는 것과 더 높은 연봉이 무슨 관련이 있을까? 오히려 높은 연봉과 같은 외부적인 조건들 뒤에 나 자신을 감추어두기를 바라는 것이 아닐까?

물론 돈과 지위와 같은 외부적인 조건들은 중요하다. 하지만 그것보다 더 중요한 것이 그 외부적인 조건들을 쟁취할 주체인 '나'가 아닐까. 외부적인 조건들에 관심을 기울이는 만큼 삶을 살아가는 주체인 '나'에 대해서도 충분한 관심을 기울이며 살아갈 필요가 있다고 생각한다.

나는 나에 대해 얼마나 관심을 두고 사랑하고 있을까. 나를 사랑한다고 하지만 실은 내가 아닌 나의 외부적인 것들에 더 관심을 기울이며 그것들만을 사랑하고 있는 것은 아닌가. '나' 자신은 골방에 홀로 내팽개쳐둔 채로 말이다.

죽음을 앞둔 사람은 우리가 추구하는 외부적인 것들에 대한 이야기를 많이 하지 않는다. 그것들은 본인과는 상관없는 외부적인 것들일 뿐이란 것을 알기 때문이다.

만약 내가 나를 사랑하는 길이라 굳게 믿고 있는 많은 것들이 언젠가는 나에게서 분리되어 떨어져 나갈 한시적인 외부적 조건들일뿐이었다는 것을 깨닫게 된다면, 무엇이 진정으로 나를 위하고 사랑하는 길인지를 모색해보는 것이 필요하지 않을까.

아직은 이 사회가 대부분의 사람으로 하여금 나를 제대로 사랑하는 것이 무엇인지를 깨닫게 하지 못한 채 평생을 외부적인 것들과 씨름하게 만들고 있지만, 앞으로의 세상은 분명히 달라져야 한다고 생각한다.

누구나 자기 자신을 진정으로 사랑하고 발전시킬 수 있으며 자신이 원하는 이상을 위해 외부적인 조건들을 삶의 목적이 아닌 수단으로써 멋지게 활용할 수 있는 진정한 성장의 삶을 누릴 수 있게 되기를 기대해본다. 우리가 후손들에게 물려줄 수 있는 최고의 유산은 바로 이러한 세상이 아닐까.

내 일상의 원리에 대하여

일상은 철저한 나의 세계이다.

어떠한 일을 수행한다고 치자. 나에게는 그 일이 쉽지만 다른 이에게는 그 일이 어렵다면 그 일은 쉬운 것일까? 어려운 것일까? 그 일이 쉽다고 생각하는 사람들이 어렵다고 생각하는 사람보다 더 많다면 그 일은 쉬운 일까?

어떤 사람이 있다고 치자. 그 사람은 나에게는 친절하고 좋은 사람이다. 하지만 다른 사람에게는 그 사람은 매우 불친절하고 나쁜 사람으로 인식된다면 그 사람은 친절한 사람인가? 불친절한 사람인가? 아무리 친절한 사람도 자기 원수에게는 불친절하기 마련이다. 그 사람을 두고 친절하다고 생각하는 사람이 더 많다면 그 사람은 친절한 사람일까?

나의 일상에서 마주하는 모든 상황과 사람들과 사물들은 모두 나와의 관계에서 의미가 있다. 나에게 어려우면 어려운 것이고 나에게 친절하면 그 사람은 친절한 사람이라 봐도 무방할 것이다.

게다가 일상은 나의 마음가짐에 큰 영향을 받기도 한다. 일례로 개가 두 마리 있다고 치자. A라는 개는 사람을 두려워한다. 그래서 사람을 보면 마구 짖어댄다. 반대로 B라는 개는 사람을 좋아한다. 고로 사람을 보면 꼬리를 흔들며 반긴다.

만약 같은 무리의 사람들이 개 A와 B를 보게 된다면 어떨까? 개 A를 보는 순간 그 개는 그 사람들을 향해 짖어댈 것이다. 그 사람들은 개 A에게 괜히 심술을 부리거나 짓궂은 장난을 치고 싶을지도 모른다. 개 A는 자신을 대하는 사람들의 반응을 통해 사람들에 대한 두려움을 더욱 강화시키게 된다. 따라서 A는 사람을 보면 더욱 강하게 짖어댈 것이다. 자신의 믿음을 확신하면서 말이다.

반대로 개 B를 보게 된다면 정반대의 일이 일어날 것이다. 개 B는 같은 무리의 사람을 보는 순간, 반가워 꼬리를 치며 애교를 떨 것이다. 그 사람들은 개 B를 귀여워하며 쓰다듬어주고 싶을 것이다. 개 B는 사람에 대한 자신의 호감을 더욱 강화하며 앞으로 사람들을 만나면 더욱 반갑게 꼬리를 흔들게 될 가능성이 높다.

사람은 어떨까. 한 공간에서도 어떤 사람에게는 주로 샐리의 법칙이 일어나지만 어떤 사람에게는 머피의 법칙이 일어난다. 샐리의 법칙이 일어나는 사람은 점점 인상이 평온해지고 삶에 대한 긍정적인 시각이 강화된다. 반대로 머피의 법칙이 일어나는 사람은 주름이 생기고 삶에 대해 부정적인 시각이 강화될 가능성이 높을 것이다.

나는 샐리의 법칙과 머피의 법칙 모두 내 마음의 흐름이 반영이 된 것으로 믿는다. 되는 일이 없다고 늘 구시렁대는 사람은 그 사람의 믿음대로 정말 되는 일이 잘 없다. 위의 개들의 경우처럼 본인은 본인의 믿음을 본인의 일상을 통해 더욱 강하게 확인하며 살아가는 것이다.

인간관계도 그렇다. 비슷한 마음의 흐름을 보이는 사람끼리 자연스레 깊게 엮이게 된다. 마음이 부정적인 흐름을 보이는 사람은 비슷한 부정적인 흐름을 보이는 사람들과 깊은 인연을 맺고 있으며, 반대로 긍정적인 흐름을 보이는 사람들은 비슷한 긍정적인 흐름을 보이는 사람들과 깊은 인연을 맺게되는 경향이 있다. 굳이 본인이 의식적으로 노력하지 않아도 자연스레 그리되어진다.

만약 본인이 이 글을 읽고 매우 부정적인 반응을 보이며 삶에 대한 본인만의 부정적인 믿음을 계속해서 고집하고자 한다면 그대 주변에 그대와 매우 깊은 인연을 맺고 있는 사람들을 잘 관찰해보라.

그대와 전혀 다름없는 부정적인 사람들만이 떠오를 것이 분명하다. 마음이 부정적인 흐름의 사람은 부정적인 일상 속에서 끼리끼리 만나고, 긍정적인 흐름의 사람은 긍정적인 일상 속에서 끼리끼리 만난다. 당신이 이것을 믿거나 말거나 아무 상관없다. 이것은 나의 관법이다.

단, 자천인의 경우 '뜻'에 의한 '토로'가 발생하는 과정에서는 이와 같은 관법은 맞지 않는다고 생각한다. 표면적으로는 부정적으로 보이는 일상의 흐름도 결과적으로는 본인이 이루고자 하는 '뜻'을 이루는 과정일 수 있고 '뜻'에 한 발짝 더 나아가기 위한 일종의 재구성의 과정일 수 있기 때문이다. 따라서 이 글은 어디까지나 자천을 하지 않는 일반인의 경우에 해당하는 관법이 될 것이다.

그대 일상은 철저히 그대의 믿음대로 그대에게 다가온다. 그대가 그대의 믿음에 대한 너무도 확고한 신념이 있다면 그대의 일상은 그대의 믿음에 맞게 계속해서 그대에게 다가오게 될 것이다.

만약 그대가 그대 일상의 흐름이 마음에 들지 않아 바꾸고자 한다면, 먼저 그대 마음의 흐름을 바꿔야 한다. 말이든 글이든 긍정적인 암시나 긍정적인 시각화를 통해 나의 마음의 흐름을 긍정적으로 돌려놔야 한다.

이것은 최소 한 달 이상 나를 세뇌에 가까울 정도로 스스로 긍정적인 각인을 시킴으로써 그대의 마음 깊은 곳까지 긍정적인 변화가 일어날 수 있도록 해야 한다.

나의 마음 깊은 곳에서 우러나오는 자연스러운 믿음이 부정에서 긍정으로 바뀌게 된다면 나의 일상 또한 긍정적으로 바뀌게 될 것이다. 나의 일상은 철저한 나의 내면세계의 반영이란 것을 명심하자.

만약 그대가 내 글에 대해 거부반응을 보이고 있다면, 그대의 일상은 그 거부반응에 맞는 흐름이 계속해서 일어나고 있음이 분명하다. 그러니 믿지 않을 수밖에.

욕망을 알아가다

　사람에게는 다양한 욕망이 있습니다. 식욕, 성욕, 수면욕과 같은 보편적인 욕망과 함께 본인만의 고유한 욕망이 있습니다. 사람은 욕망에 따라 행위를 하고 욕망에 따라 살아가는 것 같습니다.

　나의 오늘 하루를 떠올려본다면 모두 나의 욕망에 따른 행동들이 이어져 오늘 하루가 만들어졌다는 사실을 알 수가 있습니다. 내 욕망이 원하는 장소를 가고 내 욕망이 원하는 사람을 만났으며, 내 욕망이 원하는 음식을 먹고 내 욕망이 원하는 말과 행동을 했을 것입니다. 내가 보낸 순간 중 나의 욕망에 따른 행위가 아니었다면 그것은 상황에 따른 불가피한 대처 반응이었을지도 모릅니다.

　하지만 그 대처반응 또한 나의 욕망의 선택이라 생각합니다. 나의 욕망에 따른 매 순간의 행위가 모여 하루를 만들고 그 하루들이 모여 결국 나의 삶 전체를 만들어가게 되는 것이겠지요.

식욕, 성욕과 같은 보편적인 욕망 외에 본인만의 고유한 욕망이 본인만의 삶을 만들어가는 동인이 된다고 생각합니다. 서로가 욕망이 다르기에 우리의 삶의 모습은 너무도 다양합니다. 어떤 사람은 무대에서 노래하고 싶다는 고유한 욕망이 강할지도 모릅니다. 또 어떤 사람은 조용히 자신만의 공간에서 무언가에 몰두하고 싶다는 고유한 욕망이 강할지도 모릅니다.

전자는 여건이 허락하는 한 가수의 길을 걷게 될 가능성이 높고 후자의 경우엔 과학자나 연구가가 되는 길을 걷게 될 가능성이 높을 것으로 생각합니다. 본인의 욕망을 거스르는 것은 결코 쉬운 일이 아니니까요.

나의 욕망은 나를 나타내주는 '정체성'으로도 바라볼 수 있다고 생각합니다. 나의 욕망은 나의 행동을 유발하고 그 행동의 결과에 따라 나의 삶과 나의 정체성이 규정될 테니 말입니다. 따라서 본인의 욕망을 억압하는 것은 본인 정체성의 발현을 억누르려는 어리석은 태도가 되지 않을까요.

자신의 욕망을 포용하고 너그러이 바라보며 그 욕망을 통해 본인을 좀 더 자세히 알아가는 계기로 삼으면 좋을 것 같습니다. 하지만 욕망을 실제 행동으로 옮기는 것은 그 책임을 염두에 두고 신중하게 접근할 필요가 있을 것 같습니다. 욕망은 나의 정체성을 나타내주기도 하지만 그것을 위해 주위에 해로움을 주어서는 곤란하니까요.

나는 주로 어떤 지식을 욕망하고 있을까요?

욕망은 본인이 추구하는 지식을 결정짓기도 합니다. 본인의 욕망에 따라 어떤 사람은 주로 정치적 사상에 깊게 빠져들기도 하고, 어떤 사람은 검증 가능한 과학적 지식에 빠져들기도 하고, 어떤 사람은 경제이론이나 철학에 빠져들기도 하는 것 같습니다. 물론 분야를 가리지 않고 두루두루 다양한 지식과 이론들을 섭렵하는 사람들도 있습니다. 이것은 모두 본인의 욕망에 따른 선택이라 생각합니다. 욕망이 원하지 않는다면 깊게 빠져들 순 없겠지요.

사람은 주로 자신이 욕망하는 지식을 추구하고 그것을 바탕으로 본인만의 바탕지식을 형성하게 되는 것 같습니다. 그 바탕지식을 토대로 본인만의 세상을 바라보는 시각을 가지게 되는 것이겠지요. 만약 특정 학문에 심취한 사람이라면 당연히 그 학문을 중심으로 본인만의 바탕지식이 형성될 것입니다.

상대방이 세상을 나와 다르게 인식한다고 다툴 필요가 없을 것 같습니다. 상대방에게 내가 인식한 세상의 모습을 강요해선 곤란하다고 생각합니다. 서로가 세상에 대한 상반된 시각과 견해를 가지는 것은 자연스러운 일입니다. 애초에 서로의 욕망이 같지 않으니 서로가 추구하는 이상과 학문과 지식이 다르고, 그 결과 서로의 바탕지식이 달라짐으로써 세상을 바라보는 시각도 달라지기 때문입니다. 욕망에 대한 올바른 이해가 나 자신과 타인에 대한 올바른 이해에 도움이 될 수 있다고 생각합니다.

'하면 안 되는 것'들로부터의 자유

우리의 내면에는 '하면 안 되는 것'들의 목록이 있다. '하면 안 되는 것'들을 하게 된다면 죄책감이 생기고 마음이 불편해진다. 나에게 학습된 이 '하면 안 되는 것'들은 어디에서 비롯된 것일까?

어릴 적 가정학습에서 시작되어 학교생활과 사회생활을 거치면서 권위에 의해 주입된 것들이 있을 것이고, 스스로 옳다 여겨 자발적으로 수용한 것들도 있을 것이다. 내 안에 학습된 '하면 안 되는 것'들의 목록은 대개가 다른 사람에게 해로움을 주거나, 공공의 이익을 침해하는 것들이 많다.

'하면 안 되는 것'들을 하게 될 때 나는 나의 행위에 대한 책임을 져야 한다. 법에 따른다면 법에 명시된 대로 처벌을 받을 것이고, 법망에 벗어난다 하더라도 피해자에 의한 사적인 제재를 피할 수 없을 것이다. 운 좋게 법과 사적인 제재를 모두 피한다고 하더라도 결국에는 본인이 저지른 행위는 본인에게 대부분 되돌아오게 된다.

현재 나에게 다가오는 대부분의 상황은 나의 과거 행동들의 결과라 봐도 무방할 것이다. 과거 나의 주위에 선하고 이로운 행위를 주로 해왔다면 지금 나에게 다가오는 상황들은 대부분 나에게 우호적인 일들이 될 가능성이 높고, 그 반대였다면 지금 나에게 다가오는 상황들은 어렵고 힘든 상황들일 가능성이 높다. 나에게 학습된 '하면 안 되는 것'들은 모두 나에게 이로움을 주기 위한 지침들이라 볼 수 있다. 나를 위해서 '하면 안 되는 것'들을 하지 말아야 한다.

　　내가 과거에 '하면 안 되는 것'들을 통해 주위에 해로움을 연속적으로 끼쳐왔다면 지금 현재 나의 상황은 좋을 리가 없다. 예외적으로 지금 당장은 별 탈 없이 잘 지낸다 하더라도 미래는 반드시 그 결과가 무서운 책임으로 되돌아오게 될 가능성이 높다. 나를 위한다면 나는 내 안에 학습된 '하면 안 되는 것'들을 행하지 않는 것이 현명하다. 오히려 그 반대로, 남에게 이로움을 주는 선한 행위들을 많이 함으로써 다가올 나의 미래를 나에게 우호적인 상황들로 채우는 것이 옳을 것이다.

　　사실 '하면 안 되는 것'들은 모두 '견해'의 산물일 뿐이다. 인간이 있기 전엔 그러한 '하면 안 되는 것'들의 목록은 존재하지 않았다. 인간이 사회를 구성하고 살아옴에 따라 필요에 의해 후천적으로 만들어진 '견해'의 산물이다. 그 '견해'들이 우리의 내면에 '하면 안 되는 것'들의 목록으로 자리 잡아 우리의 행동들을 감독하게 된다. 이것이 때론 부자유의 근원으로 작용하여 나를 억압하는 보이지 않는 실체가 될 수도 있다고 생각한다.

만약 비자발적으로 권위에 의해 주입된 '하면 안 되는 것' 들의 목록이 내면에 있다면 그 '하면 안 되는 것' 들과 관련한 욕망이 내면에서 느껴질 때마다 나는 '죄책감' 을 느끼며 억압될지도 모른다. 설령 그것이 나의 진정한 의지와 가치관과는 맞지 않는다 하여도 말이다.

만약 내가 이 사회의 '하면 안 되는 것' 들의 목록을 만들어 낸 사람들처럼 사람들의 행위의 결과와 그 여파를 헤아릴 수 있는 '안목' 을 갖출 수만 있다면 굳이 내 안의 '하면 안 되는 것' 들에 억압되지 않고서도 자유로이 나의 욕망을 존중하며 살아갈 수 있게 된다고 본다. 안목이 성장하여 내 행동의 결과를 차분히 바라볼 수 있게 된다면 행동 하나하나에 신중해질 수밖에 없을 것이다.

내면의 성찰을 통해 부자유의 근원을 직시하고 본인만의 '뜻' 을 세움으로써 안목의 성장을 꾀한다면 더 이상 타인의 견해가 아닌 나만의 '하면 안 되는 것' 의 목록을 스스로 정해 가는 주체적 자유로움을 누릴 수 있게 되리라 믿는다.

겸손은 참 어렵습니다

겸손하지 않음은 자신의 부족함을 인정할 용기가 없기 때문이라 생각합니다. 스스로 열등감을 느끼는 사람일수록 자신의 부족함을 인정하는 것에 두려움을 느끼는 경우가 많습니다.

따라서 본인의 부족함에 대한 두려움이 클수록 그것을 감추기 위해 오히려 더 오만하게 되는 역설적인 상황이 발생하는 것 같습니다.

겁이 많은 개일수록 크게 짖는다고 하던가요. 겸손하지 않음은 나의 부족함에 대한 두려움을 드러내는 태도라 생각합니다. 겸손하지 못한 사람은 두려움 때문에 본인의 부족함을 인정하지 않으니 마음속에 새로움을 받아들일 공간이 없게 되는 것 같습니다. 따라서 더는 성장하지 못하고 정체되며 새로이 거듭나는 것이 어렵게 되겠지요.

반면 겸손한 사람은 본인의 부족함을 인정하는 것에 대해 두려움을 느끼지 않습니다. 따라서 본인의 부족함을 겸허히 인정함으로써 늘 마음속에 새로움을 받아들일 공간을 확보하게 되는 것 같습니다. 끊임없이 성장하며 늘 새롭게 거듭나는 사람들을 보면 겸손한 사람들이 많습니다. 그분들은 겸손해야 만이 끊임없이 성장할 수 있다는 사실을 이미 알고 계셨던 것은 아닐까요.

이 글을 쓰면서 저 자신을 돌아보게 됩니다. 저 또한 저의 부족함을 인정하는 것이 두려워 오히려 겸손하지 못한 태도를 보이고 다닌 것은 아닌지 반성해봅니다.

겸손은 너무나 어려운 일 같습니다. 어렵기에 늘 내 마음을 살피며 끊임없이 노력해보고자 합니다. 이것은 무엇보다도 나 자신의 성장을 위한 현명한 태도임이 분명하니까요.

세상을 있는 그대로 바라본다는 것

　세상을 '있는 그대로' 인식한다는 것은 어떤 것일까요. 인간의 '감각기관'이라는 한계를 고려했을 때 세상을 '있는 그대로' 인식하는 것은 불가능한 것인지도 모르겠습니다.

　잠자리가 인식하는 세상의 모습과 우리가 인식하는 세상의 모습은 서로 다르듯이, 우리에게 인식되는 세상은 '감각기관'으로 인해 '세상의 본래의 모습'이라고 장담할 수는 없을 것입니다.

　그렇다면 감각기관의 한계를 인정하고서라도 우리가 세상을 '고정관념' 없이 바라보는 것은 가능할까요? 우리가 세상을 '고정관념' 없이 냉정하게 인식할 수만 있어도 그것은 대단한 일이 될 것입니다. 그동안 '고정관념'으로 인해 발생하게 된 많은 오해와 편협함에서 벗어날 수 있으니까요.

　저는 다음의 두 가지 조건을 충족한다면 우리가 세상을 최대한 '있는 그대로' 인식하는 길이 열리게 되지 않을까 생각합니다.

첫 번째 조건은 우리가 눈앞의 '대상'을 인식할 때 그 '대상'의 '이면'과 '의도'를 함께 고려해보는 것입니다. 일례로 눈앞의 매력적인 이성이 있다고 합시다. 그 '매력적인 이성'이라는 '대상'만을 인식하면 우리는 '매력'이란 '관념'에 사로잡혀 그 사람을 있는 그대로 냉정하게 바라보기가 어려울지도 모릅니다.

하지만 그 매력적인 이성의 '이면'을 함께 바라보면 어떨까요. 그 매력적인 이성에게 있어 매력적인 모습은 전부가 아닌 일부에 불과합니다. 아무리 매력적인 이성이라도 사람이다보니 매력적이지 않은 순간은 분명히 존재합니다. 가령 집안에서 씻지 않고 후줄근하게 빈둥거리는 모습이라든지 가족들에게 사소한 일로 툴툴대거나 짜증을 부리는 것과 같은 모습들 말이지요. 매력적인 모습 이면의 그 사람의 다른 모습까지도 함께 생각해볼 수 있다면 우리는 그 매력적인 이성을 있는 그대로 좀 더 냉정하게 바라볼 수 있게 되지 않을까 생각합니다.

그렇다고 이것이 그 사람을 의도적으로 흠집을 내자는 것이 아닙니다. 단지 좀 더 냉정해지기 위해 그 '매력' 이면의 다른 모습들도 함께 고려해보자는 것이지요. 매력적인 모습과 그렇지 않은 모습들을 모두 고려할 때 비로소 그 사람을 온전히 바라보게 되는 것이라 생각합니다.

또 다른 예를 들어보자면 누군가가 나에게 거액의 돈을 건넨다고 합시다. '거액의 돈'이라는 '대상'만을 인식하면 우리는 '거액'이라는 관념에 사로잡혀 그 돈의 유혹으로부터 벗어나기가 어려울지도 모릅니다. 하지만 '왜 이 사람이 나에게 이러한 큰돈을 건네는가' 하고 그 '의도'를 한번 생각해본다면 그 거액의 돈을 있는 그대로 냉정하게 바라보는 것이 가능해지지 않을까 생각합니다.

금품수수 및 뇌물혐의로 구속되는 일부 공직자가 대부분 위와 같은 이면과 의도를 함께 바라보는 방법에 익숙하지 않았다고 생각합니다. 그 사람들이 '대상'의 이면과 의도를 한번이라도 냉정히 생각해보았다면 그리 쉽게 그 대상의 유혹에 넘어가기는 어려웠을 것입니다. 이면과 의도를 함께 바라보는 것이 눈앞의 대상을 '있는 그대로' 냉정하게 바라보기 위한 좋은 방법이 될 수 있을 것이라 생각합니다.

두 번째 조건은 눈앞의 대상을 '나'가 아닌 나와는 전혀 다른 '주체'의 입장으로써 그 대상을 바라보는 것입니다. 가령 눈앞에 착하게 생긴 사람과 험악하게 생긴 사람이 있다고 합시다. 나는 착하게 생긴 사람에게는 편하게 다가가는 반면, 험악하게 생긴 사람으로부터는 가급적 거리를 두려고 합니다. 나는 위의 두 사람을 '착함'과 '험악함'이란 고정관념을 통해 바라보기 때문입니다. 하지만 착하게 생긴 사람이 오히려 무서운 사람일 수도 있고, 험악하게 생긴 사람이 착하고 순수한 사람일 수도 있을 것입니다.

반면 사람을 좋아하는 강아지의 경우는 착하게 생긴 사람과 험악하게 생긴 사람을 구분하지 않고 두 사람 모두에게 꼬리를 흔들 것입니다. 개에게는 '착함'과 '험악함'이란 고정관념이 없기 때문입니다.

같은 '대상'을 바라보는 데에도 그 대상을 바라보는 '주체'의 고정관념에 따라 그 대상에 대한 태도가 달라집니다. 따라서 우리는 '나'와는 다른 '주체'의 입장으로 눈앞의 '대상'을 바라봄으로써 우리의 '고정관념'이 무엇인지를 발견해야만 합니다.

우리의 눈을 가리고 있던 고정관념을 직시하게 된다면 우리는 그것으로부터 자유로워질 수 있습니다. 고정관념이 사라질 때 비로소 우리는 순수한 '대상' 그 자체를 바라볼 수 있게 되지 않을까요.

눈앞의 '대상'의 '의도'와 '이면'을 보고 '대상'을 다른 '주체'의 입장으로도 바라보기 위해선 무엇보다도 늘 '깨어있음'이 필요할 것 같습니다.

우리는 우리에 대해 얼마나 알고 있을까요

세상은 불확정적입니다. 그 어떤 것도 고정되어 있지 않기 때문입니다. 모든 것은 늘 변화가 가능합니다. 과거엔 소중했던 물건이 이제는 골방에 방치되기도 하고, 미워했던 사람이 어느새 소중한 사람이 되어 있기도 합니다.

'나'도 그렇습니다. 나의 형태와 의미는 고정되어 있지 않습니다. 나는 늘 변화합니다만 기왕이면 긍정적인 방향으로 변화되면 더욱 좋을 것이라 생각합니다.

그런 의미에서 나를 유심히 관찰해보는 것은 어떨까요. 일례로 남들에게 자신의 부를 뽐내기 좋아하는 사람이 있다고 합시다. 어느 날 그 사람이 사람들에게 부를 과시하는 본인의 모습을 객관적으로 바라보게 된다면 어떨까요. 아마도 그 사람은 자신의 행위에 대해 부끄러움을 느끼게 될 가능성이 높을 것이라 봅니다.

부끄러움을 느끼게 된 그 순간부터 그 사람은 자신의 부끄러운 행동을 자제하며 '왜 나는 남들에게 나의 부를 자랑하고 싫어 할까?' 하며 스스로 성찰하게 될지도 모르지요.

사람들에게 본인의 부를 과시함으로써 내면의 결핍을 채우려 했다든가, 본인의 열등감을 달래기 위해 더욱 열심히 자신의 부를 과시하고자 했다는 사실을 알아차리게 될 수도 있을 것입니다.

자기관찰이 자기성찰을 낳고, 자기성찰을 통해 본인의 부끄러운 행동의 원인을 파악할 수 있게 되니, 남은 것은 그 원인과 마주하며 보다 긍정적인 방향으로의 변화가 있게 될 것입니다.

우리는 우리 스스로에 대해 과연 얼마나 알고 있을까요? 나의 모든 말과 행동들을 관찰하는 습관을 가지게 되면 나도 몰랐던 나의 부끄러운 모습들을 발견할 수 있게 된다고 생각합니다. 부끄러움을 알았다면 자기성찰을 통해 더 이상 그것을 행하지 않을 수 있게 되겠지요. 나를 관찰함에서 나의 긍정적인 변화가 시작된다고 믿습니다.

자만심은 보름달

백제가 망하기 전, 의자왕이 무당을 불러 점을 쳐보니 점괘가 '백제는 보름달, 신라는 초승달'로 나왔다는 기록이 있다. 보름달은 더 이상 찰 것이 없기에 기울게 된다. 하지만 초승달은 아직 채워질 부분이 많아 더 번창할 수 있다.

자만심(自滿心)을 '스스로가 가득 찬 마음'이라고 새롭게 해석해보고 싶다. 스스로가 가득 찼다고 여기니 보름달과 같다. 자만심이 생기는 순간 기우는 일만 남은 게 아닐까?

무명생활이 긴 연예인일수록 전성기는 오래 간다고 한다. 긴 무명생활 동안 시련과 좌절을 겪으며, 그것이 내면에 큰 골짜기를 만들어 준 것일지도 모른다. 무명생활이 긴 만큼 골이 깊어졌으니 채워도 채워도 자만(自滿)하기는 쉽지 않다.

겸허한 사람은 끝없는 성장을 추구한다. 겸허하기에 늘 채우고자 하는 부분이 마음에 남아있다. 그 채우고자 하는 부분은 곧 그 사람의 성장 가능성이 될 것이고, 끝없는 성장을 기대할 수 있다.

내가 겸허해야 하는 이유는 단순한 처세술이 아닌, 기울지 않고 끊임없이 성장을 추구하기 위함이다.

착한 아이 콤플렉스

존재는 일반적으로 자신을 위한다. 자신을 위하기에 자신의 욕망과 감정에 충실하며 산다. 욕망과 감정을 억누르는 것은 자신에 대한 억압이 될 수 있기 때문이다. 존재는 자신의 욕망과 감정에 충실하며 그에 따른 행동을 하며 산다. 그것은 존재의 자연스러움이라 생각한다.

하지만 인간의 경우 함께 모여 살기 시작하면서 존재의 자연스러움은 점점 사라지기 시작한다. 모두가 자신의 무한한 자유로움만을 추구하다가는 사회의 혼란과 갈등을 피할 수 없기 때문일 것이다.

따라서 성인들은 인간의 무한한 자유로움에의 추구가 가져올 결과에 대한 우려로 우리에게 필요한 규율과 도덕을 가르치기 시작했다. 그것은 사회 질서의 바탕이 되고 보이지 않는 규율이 되어 우리의 본래의 자연스러움을 서서히 억압하기 시작했다. 동시에 우리 사회는 옳고 그름을 가릴 수 있는 판단 기준이 세워지게 되었으며 함부로 나의 욕망을 위해 다른 사람에게 피해를 주는 일이 금지되게 되었다.

인간의 행동 이면에는 본인의 판단이 있고 그 판단의 근저엔 본인의 욕망과 감정이 있다. 본인의 감정과 욕망은 일차적으로 사회적으로 학습된 도덕과 규율의 검열을 거쳐 외부적인 행동으로 나타나게 된다고 생각한다.

사회의 구성원으로서 이러한 내면의 과정은 사회질서유지에 안정적인 현상이라 볼 수 있을 것이다. 하지만 이것이 지나치면 착한 아이 콤플렉스와 같은 스스로 억압하는 현상을 낳을 수도 있다고 본다.

나는 한편으로 이렇게 생각한다. 우리는 인간이다. 인간은 존재다. 존재는 일반적으로 자신의 욕망과 감정에 충실하며 그것을 스스로 억누르지 않는다. 다만 인간만이 학습에 의해 내면적으로 스스로 억누르고 있을 뿐이다.

그것을 스스로 억누른다는 것은 그것을 억누를 필요가 있다는 그 누군가의 견해와 동의가 있었기 때문이고, 따라서 우리는 그러한 내면적 억누름을 옳다고 여기며 스스로를 미묘하게 억누르며 살아가고 있다.

이것이 나쁜 것만은 아닐 것이다. 그러한 억누름이 있기에 우리 사회는 안정적으로 유지될 수 있다고 생각한다. 하지만 한 존재로서 나는 스스로가 억눌려 있는 상태임을 부인할 수는 없을 것이다.

나는 생각한다. 나는 존재의 자유로움을 추구하되 그것에 대해 스스로 책임을 진다. 나 스스로가 먼저 사회의 규율과 도덕으로 나 자신을 억압하기 전에 나의 욕망과 감정을 존중한다. 그리고 나의 욕망과 감정에서 비롯된 나의 행동에는 내가 책임을 진다.

이것의 차이는 크다. 처음부터 스스로를 도덕과 규율로 억압하는 것과 나의 욕망과 감정을 있는 그대로 존중하되 그것에서 비롯된 나의 행동에 대해서는 스스로 책임을 지는 것.

전자는 도덕과 규율에 위배되는 행위를 하지 않을 것이다. 하지만 자신의 욕망과 감정을 느낄 때면 이에 대해 죄책감을 느끼며 스스로 미묘하게 억눌려있을지도 모른다.

후자도 물론 도덕과 규율에 위배되는 행위를 하지 않을 것이다. 도덕과 규율에 위배되는 행위들은 대개가 무서운 책임이 따르므로 현명한 사람이라면 그러한 책임이 따르는 행위를 쉽게 저지르지 못할 것이다.

동시에 자신의 욕망과 감정에 죄책감을 느끼지 않는다. 그것은 존재의 자연스러움이므로 스스로에 대한 억눌림도 없다. 다만 내면으로 자유로움을 만끽하며 본인의 행동에 책임을 질뿐이다.

욕망을 느끼는 것과 그 욕망대로 행동에 옮기는 것은 별개의 일이다. 누구나 살다보면 범죄적 충동을 느낄 수 있지만,

그 충동을 행동으로 옮기는 소수만이 범죄자가 된다. 대부분의 경우엔 범죄적 충동을 행동으로 옮겼을 때의 책임의 무서움을 알기에 함부로 그 욕망을 행동에 옮기지 않는다.

책임을 진다는 부분도 설사 본인이 자신의 행위에 책임을 지지 않는다고 해도 본인이 행한 결과는 고스란히 본인에게 되돌아오는 것이 이 세상의 철칙이니 굳이 책임을 안진다고 해서 그 책임을 피할 수 있는 것은 아닐 것이다.

사실 이러한 견해는 다소 오해의 소지가 있으며 어쩌면 위험할 수도 있는 주장이라고 생각한다. 마치 자신의 욕망을 거리낌 없이 따르는 방종의 삶을 허용한다는 식으로 해석될 가능성이 있어 말하기가 꺼려지는 것이지만, 자신의 욕망과 감정을 너그러이 바라보는 것과 그것을 행동에 옮기는 것을 구분할 줄 알며, 그것을 행동으로 옮겼을 때에의 본인의 책임을 잘 아는 신중한 사람이라면, 굳이 자신을 억압하지 않고도 한없는 자유로움을 느끼며 남을 배려하는 삶을 살아갈 수 있다고 생각한다.

하지만 언제나 책임의 무서움을 모르며 자신의 욕망대로 그대로 행동에 옮기는 어리석은 사람들이 있기에 성인들은 우리에게 인위적으로 내적 규율을 당할 것을 강요한 건지도 모른다.

욕망을 포용해볼까

내 욕망을 포용하겠다. 이해할 수 없는 욕망이 생기면 그것을 부정하기보단 포용하겠다. 내 욕망을 포용한다는 건 단순히 내 욕망의 실현을 말하는 것이 아니다. 내 욕망을 인정하여 바라보고 내 욕망을 통해 나를 좀 더 알아가겠다는 것이다.

욕망은 내가 어떤 사람인지를 말해준다고 생각한다. 내가 어떤 부분에 대한 욕망이 강한지 살펴보고 '왜 나는 그것에 강한 욕망을 가지는지' 성찰해보는 것이 나 자신을 알아가는 데 큰 도움이 될 것이라 믿는다.

욕망은 억압할수록 더욱 진해지는 것 같다. 욕망을 너그러이 인정하되 그 욕망의 실현은 그 욕망의 실현이 가져올 '결과'에 대한 현명한 고려가 뒷받침되어야 할 것이다.

섣불리 욕망을 실현하기보단 우선은 내 욕망을 너그러이 포용하고 그 욕망을 통해 나를 알아가는 것이 좋을 것 같다.

자신을 진정으로 사랑하는 사람

자신을 진정으로 사랑하는 자는 자신을 위하는 만큼 남을 위할 줄 안다. 남을 위하는 것과 자신을 위하는 것이 결국엔 다르지 않음을 알기 때문이다. 리더는 자신의 몫을 위하는 만큼 남의 몫도 위할 줄 아는 사람이다.

나를 사랑하는 만큼 남을 위하게 되면 그 위함이 내게 되돌아온다. 시간과 그 정도의 문제일 뿐 남에게 위한 것은 내게 위함으로 돌아오고 남에게 해한 것은 내게 해함으로 돌아온다.

자신을 진정으로 사랑하는 자는 남에게 이로움을 줌으로써 스스로 훌륭한 사람이 될 줄 안다. 남에게 이로움을 주는 훌륭한 사람이 되는 것이 자신을 진정으로 사랑하는 길이란 것을 역사 속 소수의 위인들은 알고 있었다. 하지만 언제나 자신을 어설프게 사랑하는 자만이 자신만을 위할 뿐이다.

A가 B에 대해 험담을 할 때, 나는 A의 주장에 동조하며 B의 태도가 옳지 못하다고 함께 비난하지 않을 것이다.

B가 A에게 그러한 태도를 보인 데에는 이유가 있을지도 모른다. 만약 B가 모든 사람에게 그런 태도를 보인다면 B는 외톨이가 될 테니 말이다.

누군가가 내게 야속하게 군다면 거기에는 이유가 있을 것이다. 그 사람이 모든 사람에게까지 야속하게 굴진 않을 것이니 말이다.

모든 인간관계는 '나'로부터 시작된다. 사람들이 내게 대하는 태도가 긍정적이라면 그 이유는 상대방이 아닌 '나'에게 있다.

나는 언제나 사람들의 반응을 거울삼아 나를 되돌아보고자 한다.

집착을 놓는 법

닭이 한 마리 있다고 치자. 어느 날 주인이 닭 모이를 기존의 것보다 더 맛있는 것으로 바꾸어주었다. 닭은 새로 바뀐 모이가 너무나 맛있는 나머지 늘 밥 때가 되기만을 기다리며 모이에 집착하기 시작한다.

만약 닭이 새로 바뀐 모이의 '이면'을 알게 된다면 어떨까. 그 맛있는 사료는 체중을 불려 비싼 값에 자신을 팔아먹기 위함이란 것을 깨닫는다면 말이다. 닭이 새로 바뀐 모이와 그 모이의 이면을 함께 바라보게 된다면 닭은 더 이상 새로 바뀐 모이에 집착하지 않을 것이다.

내 눈앞에 놓여진 '대상' 자체만을 두고 본다면 그 '대상'이 매력적일수록 우리는 그것에 집착하기 쉽다. 하지만 그 '대상'과 그 대상의 '이면'을 함께 바라볼 수 있는 순간, 우리는 대부분의 대상에 대한 집착을 놓을 수 있다.

우리가 '대상'에 대해 집착할 수 있는 순간은 오직 그 대상의 썩 유쾌하지 않은 '이면'과 '의도'를 파악하기 전까지다.

긍정 콤플렉스

누군가가 '긍정'을 이야기한다고 해서 나의 욕망이 긍정적이지 못한 것에 대해 괴로워할 필요는 없다고 생각한다. 내 욕망의 발생은 자연스러운 현상이기 때문이다.

존재는 자신의 욕망을 존중하며 그것을 억압하지 않을 권리가 있다. 물론 부정적인 욕망이 통제되지 않을 정도로 지나치게 일어나는 것에 대해선 스스로 그 원인을 성찰할 필요가 있겠지만, 누구에게나 부정적인 욕망이 올라올 수 있고 허락되지 않은 것에 대한 욕망을 느낄 수 있다는 점은 인정할 필요가 있다고 생각한다.

누군가가 긍정을 말한 것은 긍정을 통해 전달하고 싶은 메시지가 있든지 '긍정이 본인에게 득이 된다'는 전제하에 이야기한 것이지, 스스로에 대한 억압을 낳기 위한 긍정은 결코 아닐 것이다.

긍정뿐만 아니라 그 어떤 위대한 사상이나 숭고한 관념으로부터도 개인의 욕망은 억압되지 않고 자유로울 당위가 있다. 억압을 낳는 자유, 억압을 낳는 긍정, 억압을 낳는 숭고함은 그 방향이 잘못된 것이다.

모든 관념과 사상은 인간의 성장과 자유로움 그리고 더 나은 삶에 이바지하는 유익한 존재의미가 있어야 한다. 자신에게 욕망이 올라오는 것은 자연스러운 현상이되, 그 욕망의 실현은 그것이 가져올 결과를 냉정히 고려한 뒤에 신중히 결정하면 될 것이다.

일례로 영화 〈은교〉에서의 노(老) 시인 이적요가 젊은 여고생 은교에게 연정의 마음을 품는 것은 자연스러운 현상이 될 수 있지만, 그 연정의 마음을 실제로 행동으로 옮기는 것은 별개의 문제라는 것이다.

이적요가 실제로 본인의 연정을 은교에게 비윤리적인 방식으로 드러내지만 않는다면 이적요의 연정은 문제 될 것이 없다고 생각한다. 앞에서 말했듯 존재는 자신의 욕망을 존중하고 그것을 억압하지 않을 권리가 있기 때문이다.

욕망의 발생과 그 욕망의 실현을 구분할 줄 아는 판단력과 신중함만 있다면 그 욕망 자체에 대해서 스스로 지나친 죄의식을 가질 필요는 없다고 본다.

나의 다른 글들을 보면 긍정을 강요하는 듯한 부분이 많다. 내가 긍정을 이야기한 이유는 긍정 자체에 목적이 있는 것이 아니었다. 긍정을 통해 자신의 일상이 변화됨을 체험하고, 그 결과 눈에는 보이지 않는 본인의 의지가 본인의 일상에 미치는 영향력에 대해서 누구나 체험해보길 바라는 의도에서 그 접근을 '긍정'으로 한 것일 뿐이다.

내 글을 읽고 자신의 긍정적이지 못한 욕망에 대해 자책하고 자신을 억압하는 일이 없었으면 한다. 내가 말한 '긍정'은 본인의 진정한 내면의 힘에 대한 자각을 위한 수단일 뿐 '긍정'에 억압되어 괴로워해선 곤란할 것이다. '긍정'과 '내면의 힘'은 모두 본인의 성장과 더 나은 삶을 위한 것들이니 말이다.

누군가가 나를 무시한다는 것

누군가가 나를 무시한다고 느껴질 때 나는 무척 화가 난다. 나를 무시한다는 건 상대방이 나의 존재의미와 가치를 인정하지 않는다는 의미로 받아들여지기 때문이다. 어쩌면 세상에서 가장 두려운 일 중 하나는 나의 존재가 이 세상에 아무런 필요 없는 무가치함으로 증명되는 것이 아닐까.

자신의 존재의미와 가치를 증명하기 위해 사람들은 열심히 자신의 능력을 키우고 더 높은 직함을 원하며 필요 이상의 많은 돈을 모으려 애쓰는 듯 보인다. 능력과 직함과 돈을 통해 자신의 존재의미를 드러내고 세상으로부터 더 많은 인정을 받고 싶은 것인지도 모른다.

하지만 자신의 진정한 존재의미는 위와 같은 조건들로 증명되는 것이 아니라고 생각한다. 그러한 조건들은 오직 자신에게 머물러 있을 때만 의미가 있을 뿐 그것들이 내 곁을 떠나거나 이생이 끝나면 그동안 돈과 직함에 기대었던 나의 존재의미는 다시 원점으로 되돌아갈 뿐일 것이다.

나의 진정한 존재의미는 오직 내가 세운 뜻에 달려 있다. 뜻이란 나의 성장과 행복뿐만 아니라 타인의 성장과 행복에도 이로울 수 있는 바람직한 삶의 목적을 의미한다. 자신이 실천하기로 마음먹은 본인만의 뜻이 그 사람의 존재의미를 규정하고, 그 사람의 삶을 고귀하게 만들어 가는 것이다. 뜻을 가진 자는 죽어서도 그 뜻의 흔적으로 말미암아 영원히 '훌륭함'이란 영예를 누리게 된다. 나는 단순히 나의 존재가치를 증명하기 위한 돈벌이와 직함을 원하기보단 내가 세운 뜻을 이루기 위한 돈벌이와 직함을 원한다.

또한 일상에서 누군가가 나를 무시한다고 느끼는 것은, 먼저 내가 나에게 만족하지 못하기 때문은 아닐까 생각해본다. 내가 나를 두고 만족하지 못하기에 누군가의 무뚝뚝하고 퉁명스런 태도를 두고 나를 무시한 것으로 여기는 것은 아닌지 말이다. 자기 자신에 대한 신뢰와 만족을 가진 사람은 상대방의 불친절함을 자신에 대한 무시라고 여기기보단 그 원인을 상대방에게서 찾게 되지 않을까 생각한다. 가령 상대방에게 오늘 불쾌한 일이 있었는지 혹은 상대방의 컨디션이 좋지 않은 것은 아닌지 고려하면서 말이다.

나의 경우, 누군가가 나를 무시한다고 느껴진다면 나 스스로가 나에게 느껴지는 부족함을 채움으로써 당당해지고자 할 뿐이다.

본의 아닌 이기주의

자기 스스로 무언가 결핍을 느끼는 사람은 자신의 결핍에 대해 많은 생각을 하고 그것에 대한 고민에 늘 사로잡힐 가능성이 높다. 결핍이 클수록 그 결핍을 무언가로 채우고자 하는 욕구가 강하기에 일상에서 남을 생각하고 배려할 여유가 상대적으로 부족할 가능성이 높은 것이다.

타인이 본인을 이기주의자로서 오해하는 것을 원하지 않는다면 나의 결핍이 무엇인지 이해하고 그 결핍을 메울 필요가 있다고 생각한다. 나의 결핍을 이해하고 해결해야 비로소 나의 결핍에만 향해있던 시선이 자연스럽게 주위로 향할 수 있게 되기 때문이다.

대부분의 시선이 자신의 결핍에만 향해있는 사람은 삶이 늘 피곤하고 고달플 것이다.

자기비하 혹은 타인을 무시하는 이유

나에 대한 불안과 열등감은 자기비하나 타인에 대한 무시로 나오기 쉽다. 스스로 열등감을 느낄수록 그 열등감을 극복할 패기가 부족한 이는 자신을 비하하는 어리석음에 빠진다.

자기비하의 어리석음을 거부하는 이는 나 대신 타인을 비하하고 무시함으로써 자신에 대한 불안과 열등감을 달랜다. 자기비하든 타인에 대한 비하든 결국은 자신의 부족함을 채울 용기가 부족한 것에 따른 회피일 뿐이다.

나는 지금껏 얼마나 많은 사람을 속으로 비웃고 무시하며 살아왔을까. 나에 대해 만족하지 못하고 열등감에 사로잡힌 만큼, 나는 누군가의 부족함에 대해 무시하고 비하하려는 충동에 사로잡혀왔던 것일 것이다.

진정한 부자는 가난한 자를 업신여기지 않고, 진정한 현자는 무지한 자를 업신여기지 않는다. 다만 자기 스스로 부족함을 느끼는 자만이 부족함을 느끼는 만큼 남을 업신여기고 무시할 뿐이다.

나는 더 이상 누군가를 무시하고 싶은 마음이 생기지 않을 때까지 나의 부족함을 채워나가고자 한다.

내 마음이 불안하니 이 세상도 불안하다

갑자기 불안하다. 나는 왜 불안한가. 어제와 크게 다를 바 없는 일상 앞에 나는 왜 갑자기 불안에 떠는 것일까. 세상이 나를 불안케 하는가. 미래가 나를 불안케 하는가. 무엇이 나를 불안케 하는가.

나의 불안을 달래기 위해 일에 몰두하고, 사람을 만나고, 다른 것에 관심을 두어본다. 그러니 좀 낫다. 처음 불안할 때와 상황은 달라진 게 없지만 나의 불안은 많이 안정되었다.

그렇다. 나의 불안은 처음부터 나의 일상에서 비롯된 것이 아니었다. 그것은 나의 불확실한 미래에서 비롯된 것도 아니었다. 단지 내 마음이 불안하기에 모든 것이 불안하게 느껴지는 것일 뿐이었다.

내 마음이 불안하니 이 세상도 불안하다. '불안'이란 창으로 세상을 바라보니 세상이 불안해 보이는 것이구나. '불안'도 단지 내 마음이 처한 수많은 상황 중 하나이지 않을까.

부딪히며 알아가다

우리는 세상 속에서 살아가고 있습니다. 세상은 우리가 살아가는 터전임과 동시에 연구의 대상이 되기도 합니다. 인간은 과학, 철학을 비롯한 여러 학문을 통해 세상에 대해 깊이 있는 이해를 얻었다고 자부하고 있는 것 같습니다.

그렇다면 세상을 연구하는 주체인 '나'에 대해서는 얼마나 많은 이해를 하고 있을까요? 우리가 세상에 대해 연구한 많은 성과에 비해 그 연구를 수행한 주체인 우리 자신에 대해서는 상대적으로 관심이 소홀했던 것은 아닌가 생각합니다.

세상에 대한 연구는 전문가들에 의해 엄격한 '수단'과 '절차'를 거쳐 수행되어야 하는 것이 분명하지만, 우리 자신에 대한 연구는 모두가 나름의 전문가로서 스스로 탐구가 가능한 것이라 생각합니다.

이 세상에서 '나'에 대해 가장 잘 파악하고 있고 '나'란 대상은 어떻게 접근해야 하는지 가장 잘 알고 있는 사람은 바로 '나'이니까요. 내가 '나'에 대해 알아가기 위해선 우선 '대상'

이 필요한 것 같습니다.

일례로 홀로 외딴 산속에 칩거하는 사람이 있다면 그 사람은 본인이 어떠한 성향의 사람인지 제대로 파악하기가 어려울 가능성이 높다고 생각합니다. 산속에서의 삶에서는 내 감정과 욕망을 유발할 수 있는 대상이 상대적으로 드물기 때문입니다.

특정 대상이 눈앞에 보이게 되면 우리는 그 대상에 대해 욕망과 감정을 느끼게 됩니다. 그리고 그 대상에 대한 욕망과 감정을 통해 나의 성향을 파악하게 되는 것 같습니다.

사람은 누구나 자기 자신에 대한 어렴풋한 믿음이 있습니다. '나는 느긋하다' 나 '나는 욕심이 적다' 와 같은 믿음들 말이지요. 직장생활을 하기 전까지는 본인은 느긋한 사람이라고 믿고 있었으나 막상 업무를 하다 보니 의외로 본인이 조급한 면이 있음을 깨달을 수도 있습니다.

앞의 예에서 산속에 살던 사람은 본인은 세속의 욕망으로부터 자유롭다고 믿고 있으나, 막상 하산하여 도시에서 살다 보니 온갖 유혹에 휘둘리며 괴로워하는 본인의 모습을 발견하게 될지도 모릅니다.

우리는 '나' 자신에 대한 연구가로서 가능한 많은 '대상' 을 접해야 할 당위가 있다고 생각합니다. 많은 대상을 접해볼수록 그에 대한 수많은 감정과 욕망을 느껴봄으로써 본인을 좀 더 자세히 알아갈 기회를 얻게 된다고 믿습니다.

만약 '세상'이란 '대상'에 염증을 느껴 홀로 지내기를 원하는 사람이 있다면 그 사람은 그만큼 자신에 대해 연구하고 알아갈 수 있는 소중한 기회를 잃게 되는 것이 아닐까 생각합니다.

무엇인가를 알아간다는 데에는 그만큼의 수고로움과 노력이 뒤따르는 것이겠지요.

특정 '대상'을 접함으로써 발생하는 나의 '감정'과 '욕망'이 때론 거북하고 괴롭더라도 꾹 참고 관찰해본다면 반드시 나에 대한 깊이 있는 이해를 얻는 데 큰 도움이 될 것이라 믿습니다.

평생을 '나'로 살면서 '나'에 대해 어렴풋한 믿음과 얇은 이해만을 가지고 살아간다면 '나'는 '나'에 대해 섭섭함을 느끼지 않을까요.

올바른 뜻은 나를 바르게 한다

올바른 뜻은 나를 바루게 하는 힘이 있다고 생각합니다. '나'와 '당신'이 올바른 뜻으로 바루어지면 이 세상도 점차 바루어지게 되지 않을까 생각합니다.

올바른 뜻이란 나의 행복뿐만 아니라 타인의 행복에도 일조할 수 있는 삶의 바람직한 목적을 의미합니다. 올바른 뜻을 세워야 하는 이유는 올바른 뜻을 세움에서 비롯되는 나의 행위들이 결과적으로 내게 이로움으로 되돌아오기 때문입니다.

'선인선과(善因善果)'라는 말이 있습니다. '선한 일을 쌓으면 반드시 좋은 과보가 있다'는 의미로 현재 나의 상황은 대부분 과거 내가 행했던 행동들의 결과물이라 간주해볼 수 있습니다. 내가 과거에 선한 행위를 많이 해왔다면 나의 현재 상황은 그에 걸맞은 우호적인 상황일 가능성이 높겠지요.

현재 내가 올바른 뜻을 가짐으로써 그에 걸맞은 행위들을 해나간다면 나의 미래는 반드시 나에게 우호적이고 바람직한 상황으로 되돌아올 것입니다. 반면 선인선과와는 정반대의 삶을 살아가고 있는 경우라면 현재의 평판은 그리 좋지 않을 뿐더러 요행히 성공을 거두었다 하더라도 늘 위태롭고 불안할 수밖에 없을 것입니다.

지금까지 본인이 행해왔던 선하지 못한 행동들의 결과가 언제 어떤 모습으로 되돌아와 본인이 누리는 것들을 무너뜨릴지 알 수 없으니 늘 전전긍긍하며 행복과는 거리가 먼 삶이 될 것입니다.

하지만 앞으로 선인선과의 삶을 살겠다는 결의를 하게 된다면 점차적으로 과거의 선하지 못했던 행동들이 상쇄되며 점점 더 평안하고 우호적인 삶의 흐름을 누릴 수 있게 되지 않을까 생각합니다.

따라서 나를 진정으로 사랑하는 사람이라면 나를 고귀하게 만드는 올바른 뜻의 확립을 통해 나에게 우호적인 결과와 상황들이 지속적으로 찾아오도록 힘써 노력해야 함이 분명합니다.

올바른 뜻은 올바른 가치관을 낳습니다. 사람의 가치관은 그 사람의 삶의 목적에 맞게 형성되는 경향이 있기 때문입니다. 올바른 뜻에 의한 올바른 가치관을 가지게 된다면 처음에는 일시적으로 바람직하지 않은 의사결정을 내리게 된다고 하더라도 시간이 지남에 따라 점차적으로 올바른 판단을 낳는 방향으로 나아가게 될 것이라 생각합니다.

올바른 가치관은 본인의 의사결정에 있어 올바른 판단을 내릴 수 있도록 유도하는 올바른 판단기준으로 작용하기 때문입니다. 올바른 판단은 위에서 언급한 선인선과(善因善果)의 원리에 따라 결국 본인에게도 바람직한 결과로 되돌아오게 되겠지요.

또한 올바른 뜻은 올바른 '마하라'가 되어 나는 올바른 욕망을 느끼며 내 뜻에 걸맞은 올바른 존재로 거듭나게 될 것입니다. 여기서 '마하라'란 일종의 '거대의지'로써 나의 방향성 있는 욕망을 유발하는 실체라고 볼 수 있습니다.('마하라'에 대한 더 자세한 내용은 『하늘공부 1』참조)

나의 뜻은 곧 나의 '마하라'가 되어 나의 '마하라'는 나의 뜻을 이루는 데 필요한 욕망들을 유발할 것입니다. 따라서 나는 내 뜻에 걸맞은 욕망들을 필연적으로 느껴가며 점차적으로 내 뜻에 맞는 존재로 거듭나게 될 것이라 믿습니다. 바른 뜻을 세우고 난 뒤에는 그저 내 '마하라'가 유발하는 욕망들을 너그러이 포용하며 나의 뜻을 굳게 지켜나가면 될 것이라 봅니다.

올바른 뜻은 올바른 가치관을 낳고 올바른 판단을 유도할 것입니다. 또한 올바른 뜻은 올바른 마하라가 되어 나는 내 뜻에 걸맞은 올바른 욕망들을 연속적으로 느끼며 살아가게 될 것입니다. 올바른 뜻에서 비롯된 올바른 가치관과 욕망에 의해 나의 삶 또한 저절로 바루어질 것입니다.

올바른 뜻은 올바른 삶의 방향을 의미하며 내 삶에 있어 가장 중요한 것은 나의 올바른 뜻을 발견하고 그 뜻을 힘써 행하는 것에 달려 있다고 생각합니다. 삶의 올바른 방향에 대한 모색 없이 그저 삶에 대한 치열함만이 있다면 결과적으로 내 삶에 내가 배반당하는 안타까운 결과를 낳게 될지도 모르지요.

나를 바라본다는 것

　나를 객관적으로 한 번 바라보는 것이 우리의 삶을 뒤바꾼다. 여기에 오토바이를 즐겨 타는 사람이 있다. 그는 오토바이를 즐겨 타는 사람끼리 인간관계를 맺고, 그의 활동반경은 주로 오토바이에 국한되어 있다.

　그러던 어느 날, 그는 자신이 오토바이를 타고 질주하는 모습을 우연히 객관적으로 바라보게 되고, 그것이 참 부끄럽다는 생각을 하게 된다. 그 부끄럽다는 깨달음이 생겨난 찰나에 그의 인생은 바뀌기 시작한다.

　그는 점차 오토바이를 타기를 예전만큼 즐기지 않을 것이고, 자연스레 오토바이를 즐겨 타는 사람들과 관계가 멀어질 것이며, 결국엔 오토바이를 팔게 될지도 모르겠다. 그 한 번의 객관적 관찰이 결국 그의 삶을 백팔십도 바꿔놓은 것이다.

　또 하나의 예를 들어보자. 사람을 만나면 늘 자기주장만을 내세우며 다투기를 좋아하는 호전적인 사람이 있다고 치자.

　어느 날, 그는 자신이 남과 언성을 높이며 다투고 있는 모습을 우연히 객관적으로 바라보게 되고 그것이 부끄러운 일이라는 것을 깨닫게 된다. 그 순간 그는 예전에 자신이 남과 다투었던 일들을 파노라마처럼 떠올리며 부끄러움에 얼굴을 들지 못하게 될지도 모르겠다.

그 순간의 부끄러움이 있은 후 그는 점차 달라질 것이다. 자신의 의견을 내세우다가도 타인의 주장을 듣게 되고, 언성이 높아지다가도 문득 스스로를 자제하게 될지도 모르겠다.

그의 달라진 모습에 사람들은 점차 마음을 열고, 그의 인간관계는 예전보다 더 풍성하게 바뀔 것이다. 본인을 한 번 객관적으로 바라봄이 결국 그의 삶을 뒤바꾸어 놓았다.

우리는 스스로를 얼마나 객관적으로 관찰하며 사는 걸까? 나를 객관적으로 바라보기 전과 바라본 후의 나는 전혀 다른 사람이다. 우리는 우리에 대한 작은 관찰에서 비롯된 깨달음으로 늘 새롭게 거듭날 수 있다.

만약 누군가가 이러한 삶의 작은 변화를 단 한 번도 경험해 보지 못했다면, 그는 살면서 단 한 번도 자기 자신을 객관적으로 관찰한 적이 없다는 뜻이 아닐까?

화

누구나 살다보면 화를 낼 때가 있다. 화를 내는 행위는 어떻게 바라봐야 할까. 나는 화 자체만을 두고 그것이 좋다 나쁘다고 평가하고 싶지는 않다. 누군가가 화를 낸다면 그 화와 그 사람이 화를 내는 이유를 함께 고려하고 싶다.

누군가가 화를 내는 이유가 단순히 기분이 상했거나 혹은 본인의 상처받은 자존심 때문이라면 그 화는 단순히 거북하게 다가올 것 같다. 하지만 누군가가 화를 내는 이유가 세상의 부조리를 고발하거나 잘못된 길에 빠진 아이를 바로잡기 위해서라면 그 화는 그리 거북하지만은 않을 것 같다.

사람마다 화를 내는 이유는 다양하다. 내가 주로 무엇 때문에 화를 내는지만 잘 살펴도 나 자신을 알아가는 데 큰 도움이 되지 않을까 생각해본다. 나는 주로 무엇을 위하여 화를 내고 있는 걸까?

과거의 '나'는 타인일까

'나'는 변화합니다. 매 순간 '나'는 달라지고 있습니다. 너무나 미세한 변화이지만 하루가 되고 일 년이 지나면 육안으로도 '나'의 변화를 인식할 수 있게 되는 것 같습니다.

변화하기 전의 '나'와 변화한 후의 '나'는 동일한 '나'임이 분명합니다만, 같은 '나'라고는 볼 수 없을 것입니다. 우선 1년 전의 '나'와 현재의 '나'는 서로 외양이 다릅니다. 내면과 세상을 바라보는 안목도 달라졌을 것입니다.

1년 전의 '나'와 현재의 '나'가 외면과 내면 모두 달라져 있다면 과거의 '나'가 '나'라는 사실을 논리적으로 입증하기가 조금은 어렵게 될지도 모릅니다. 과거의 '나'가 '나'임이 맞지만 현재의 '나'와는 전혀 다르니까요.

어쩌면 과거의 '나'는 이미 내게서 달아나 '나'와 외양과 성향이 닮은 '타인'과 다름없게 되는 것인지도 모르겠습니다. 하지만 저는 과거의 '나'가 결코 나와 닮은 타인이 아닌 '나'였음을 논리적으로 주장할 수 있다고 생각합니다.

현재의 '나' 의 모습은 과거의 '나' 가 품었던 '의지'에서 찾아볼 수 있습니다. 비참한 환경 속에서도 아름다운 의지를 포기하지 않은 사람은 결국 그 의지에 걸맞은 아름다운 사람이 되어가는 경우가 많습니다. 이때 비참한 환경 속에 허우적거린 과거의 '나' 와 아름다운 의지로써 결실을 맺은 현재의 '나' 는 겉으로 보기엔 전혀 다른 사람으로 보일 것입니다.

　하지만 과거의 '나' 의 의지 속에서 이미 현재의 '나' 의 모습을 발견할 수 있으니 결국 두 사람은 시간의 연속선상에 놓인 동일한 사람임을 주장할 수 있게 된다고 생각합니다. '의지' 의 발현은 시간의 문제일 뿐 사람은 본인이 품은 의지대로 변해가는 것이니까요. 따라서 과거의 '나' 가 품었던 '의지' 를 살펴보면 그 속에 현재의 '나' 의 단서를 발견할 수 있고 현재의 내가 품고 있는 '의지' 를 살펴보면 미래의 '나' 의 단서를 발견할 수 있다고 생각합니다.

　과거, 현재, 미래의 '나' 의 모습은 모두 다르지만 셋 사이에 존재하는 '의지' 라는 연결고리 속에서 다음에 펼쳐질 '나' 의 단서를 찾을 수 있으니 '의지' 는 끊임없이 변해가는 '나' 를 여전히 '나' 라고 주장할 수 있는 확고한 근거가 될 수 있을 것입니다. 사람의 '정체성' 은 그 사람이 품고 있는 보이지 않는 의지가 이끌고 가는 것이 아닐까요.

연속성과 불연속성

성실한 사람에게는 일탈의 순간이 있을 수 있다. 정직한 사람에게는 거짓말을 하는 순간이 있을 수 있다. 의로운 사람에게는 비겁한 순간이 있을 수 있다.

우리의 주위를 잘 관찰해 보면 연속성과 불연속성은 함께 공존한다는 것을 알 수가 있다.

항상 아름답기만 한 것도, 항상 추하기만 한 것도, 항상 힘들기만 한 것도, 항상 즐겁기만 한 것은 없다. 아름다움이란 연속성도 음미하다보면 그 속에서 추함이란 불연속성을 느낄 수 있고, 힘듦이란 연속성도 버티다보면 그 속에서 즐거움이란 불연속성을 찾을 수 있다.

항상 특정한 연속성만을 보이는 '대상'이 있다면 그것은 무언가 부자연스럽다. 반면 안정감 있는 연속성과 뜨문뜨문 불연속성을 함께 보이는 '대상'은 자연스럽고 편안하게 느껴진다.

항상 성실한 사람도 그리고 항상 정직한 사람과 항상 의로운 사람은 오직 우리의 관념 속 '보편자'로서만 존재하는 것인지도 모른다. '연속성'만이 내재하는 '보편자'는 너무나 비현실적이다.

중요한 것은 바람직한 연속성만 항상 지속되기를 집착하는 것이 아니다. 그렇다고 뜨문뜨문 발생하는 부끄러운 불연속성에 심하게 자책하는 것도 아니다. 내가 나아가는 방향만 옳다면 나의 연속성도 함께 옳을 것이지만, 그 과정에서는 원치 않는 불연속성도 함께 하게 되리라는 것을 인정한다. 다만 불연속성과 너그러이 대면하며 이를 통해 연속성의 소중함을 깨달아 이를 더욱 확충하기 위한 나의 의지가 중요하다.

하지만 확립된 올바른 방향이 없다면 근본적으로 확충해나갈 연속성부터가 이미 의심스럽게 되지는 않을까.

지식의 해탈

이제 타인의 '지구본'에서 벗어나 보자구요.

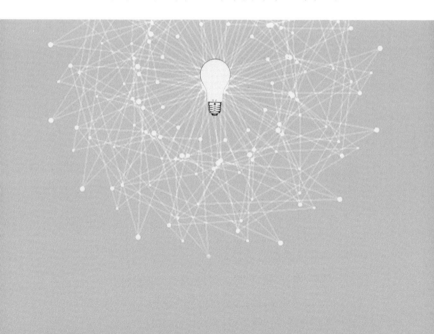

달을 가리키는 손가락 1

우리는 말과 글을 통해 의사소통을 하고 있습니다. 말과 글이 있기에 우리는 많은 지식과 정보를 공유하고 이를 바탕으로 자신만의 신념을 정립하기도 하는 것 같습니다.

우리는 삶속에서 늘 말과 글의 힘을 실감하며 삽니다. 일례로 우리의 모든 행동들은 일차적으로 내면에 새겨진 말과 글의 필터를 거쳐 외부로 나오게 되는 것이라 생각합니다.

우리의 욕망과 행동을 통제하고 규율하는 보이지 않는 실체는 바로 내면에 있는 말과 글의 힘인 것이겠지요. 우리는 말과 글로 이루어진 신념으로 삶의 역경을 극복하기도 하고 말과 글로 이루어진 그릇된 정보로 인해 타인에게 상처를 주기도 하는 것 같습니다.

하지만 말과 글은 수단일 뿐입니다. '수단'이란 다른 무언가를 이루기 위한 도구를 의미합니다. 우리는 누군가의 말과 글을 접할 때 말과 글이란 '수단'에만 얽매이기보단 그 '수단'을 통해 이루고자 하는 상대방의 의도를 함께 파악해 보는 것이 '냉정한 판단' 을 위하여 필요하다고 생각합니다.

예를 들어 치열한 경쟁에서 살아남아야 한다는 이유로 직원들을 과중한 업무와 잦은 야근으로 혹사시키는 회사의 오너가 있다고 합시다. 이 오너가 공식석상에서는 언제나 직원들의 건강의 중요성을 강조하는 발언을 하고 다닌다면 어떨까요.

표면적인 발언만 본다면 이 오너는 직원들을 아끼고 배려하는 따뜻한 리더로 보일지도 모릅니다. 하지만 제 눈에는 마치 닭을 사육하는 주인이 닭의 건강을 늘 염려하는 것과 크게 다를 바 없어 보이기도 합니다. 주인이 닭의 건강을 늘 염려하는 것은 과연 닭을 소중히 여기는 따뜻한 마음에서일까요? 아니면 달걀의 생산성을 유지하기 위한 주인 본인을 위한 것일까요? 어쩌면 제가 너무 냉소적인 것인지도 모르겠습니다.

하나의 예를 더 들어보자면 조선 시대 임금인 태종의 경우 재위기간 동안 네 차례에 걸쳐 '이제 물러나야겠다' 는 '양위선언(讓位宣言)' 을 했었습니다. 재위 육 년째에 처음으로 태종이 양위할 뜻을 내비치자 태종의 처남인 민무구, 민무질 형제는 태종의 선언에 진정성을 느낀 나머지 세자인 양녕대군을 찾아가 이를 진지하게 상의했다고 합니다.

그러자 태종은 이를 빌미로 이들 형제가 자신의 퇴위를 은근히 기대하며 어린 세자를 끼고 집권을 음모했다 하여 결국

이들을 죽이고 본인의 권력을 더욱 공고히 하기에 이릅니다. 태종의 '양위선언' 은 한마디로 왕권강화를 위한 고도의 정치적 전술의 하나라고 볼 수 있겠지요.

이외에도 말과 글의 표면적인 의미와 그 의도가 서로 상이하게 받아들여질 만한 다양한 사례들이 있을 것입니다. 특히 우리는 사회의 영향력 있는 인물에게서 비롯되는 말과 글을 접할 때일수록 더욱 냉정한 접근이 필요하다고 생각합니다. 그들의 발언과 글은 위의 사례와 같이 그 이면의 다른 '의도' 를 이루기 위한 '수단' 으로써 말과 글을 활용할 가능성이 더 높기 때문입니다.

따라서 우리는 말과 글이란 '수단' 을 접할 때 그 표면적인 의미와 상대방이 이루고자하는 '의도' 를 함께 고려하여 그 말과 글의 영향력으로부터 이성의 '냉정함' 을 되찾을 필요가 있다고 생각합니다.

말과 글은 달을 가리키는 손가락인 것 같습니다. 혹시 달이 아닌 상대방의 손가락만을 쳐다보며 그 손가락 자체에 현혹당하고 있는 사람은 없겠지요.

달을 가리키는 손가락 2

누군가가 '식사는 하셨어요'라고 묻는다. 이 '식사는 하셨어요'는 그 말하는 사람의 목적에 따라 전혀 다른 의미를 가진다. 좋아하는 이성에 대한 관심의 표현일 수도 있고, 같이 식사하기를 권유하는 표현이 될 수도 있을 것이다.

우리가 말을 하고 글을 쓸 때는 어떠한 목적이 있다. 우리가 누군가에게 어떠한 목적을 가질 때 우리는 그 상대방에게 말과 글이란 '수단'을 활용하여 나의 의사를 전달하는 것이다. 그것이 단순한 관심의 표현일지라도 말이다. 관심을 표현하고자 함도 하나의 목적인 것이다.

말과 글은 우리가 어떠한 목적을 이루기 위해 활용하는 '수단'이다. 만약 내가 관심 있는 이성에게 관심의 표현으로 '식사는 하셨어요'라고 물었을 때 상대방이 '식사는 하셨어요' 표현 자체에 빠져 오늘의 식사에 대해서만 골똘히 생각하고 있다면 그 상대방은 눈치가 없다고 볼 수 있을 것이다. 물론 그 표현이 순수하게 식사는 했는지의 여부가 궁금해서 던진 말일 수도 있겠지만, 그 표현을 한 상대방의 진정한 목적을 헤아리는 것도 필요한 것이다.

누군가의 말과 글을 볼 때도 마찬가지다. 그 사람이 말과 글이란 '수단'을 통해 성취하고자 하는 진정한 '목적'은 무엇인지 알아볼 필요가 있는 것이다. 아무 이유 없이 말과 글을 내뱉는 사람은 없다. 정도의 차이지만 말과 글의 이면에는 그 말과 글을 표현한 분명한 이유가 있다.

권위 있는 사상가의 말이나 저명한 석학들의 저작에도 그 목적이 있는 것이다. 단순히 그 사람들의 논리와 이론에 빠져 그것들의 시시비비만 가리고 있는 것은 마치 위의 예에서 '식사는 하셨어요'를 두고 오늘의 식사에 대해서만 골똘히 궁리하고 있는 사람이 되는 것과 같다.

왜 이 사람들은 이러한 논리와 이론을 주장하고 있는가? 어떠한 목적으로 이러한 정교한 논리와 이론을 만들었는지를 함께 살펴볼 필요가 있는 것이다.

애초에 달을 가리키고 싶었다면 그 달을 가리키기 위해선 사람들이 납득할만한 '도구' 즉, 손가락이 필요하다. 그 달을 가리키기 위해 고안한 '손가락'이 바로 정교한 이론과 논리가 될 수 있으며, 그것들은 모두 '달'을 가리키기 위해 만들어낸 '방편'일뿐인 것이다.

일례로 마르크스의 '자본론'을 볼 때 자본론이 얼마나 자본주의의 메커니즘을 정교하게 잘 분석하고 있는지를 고려함과 동시에 '왜 마르크스는 이러한 시선으로 자본주의에 대한 정교한 분석을 했는지' 그 의도를 함께 고려해볼 필요가 있는 것이다. 여기서 '자본론'은 마르크스가 만들어낸 정교한 '손가락'이 될 것이고 '자본론'을 통해 가리키고자 한 '달'은 바로 노동자들로 하여금 그들이 처한 비합리적인 시스템을 직시하게 함으로써 노동자에 의한 사회체제의 변화를 유발하고자 함이라 볼 수 있다. 물론 이것은 누구나 다 아는 사실일 것이다.

이처럼 누군가의 저작이나 사상을 볼 때 그것들의 '의도'를 함께 알아채려 노력해본다면, 사람들이 열광하는 어떠한 정교한 이데올로기와 논리로부터도 한발 물러서서 그 정교한 이론이 가리키고자 하는 '달'을 냉정히 살펴볼 수 있다고 생각한다.

달을 알게 된다면 손가락은 그 달을 위해 만들어진 하나의 가설이자 체계일 뿐이라는 것을 알게 되니 그것에 열을 올리며 집착할 일은 없다. 모든 사상과 이론과 학설은 다 누군가의 '견해'의 산물이니 말이다. 이것이 바로 모든 관념적인 억압과 이데올로기로부터 자유를 얻는 첫걸음이라 생각한다.

누군가가 내게 '식사는 하셨어요'라고 물었을 때 '왜 이 사람이 내게 이러한 질문을 하는 것인가' 하는 사소한 의문을 한 번쯤은 가져보자. 더군다나 그 말과 글이 저명하고 권위 있는 사람들이 남긴 것들이라면 더더욱 그리해볼 필요가 있다.

순수하게 말과 글에 담긴 의미만을 전달하고자 함인지, 이치에 맞는 말과 글을 통해 다른 무언가를 이루기 위한 목적이 있는 것인지 말이다. 단순한 '식사는 하셨어요'란 표현조차도 다른 다양한 이유와 목적에 의해 더 많이 사용되고 있으니 말이다.

사회과학서적에 대한 고찰

사회과학은 간략히 정의 내려보자면 '사회 현상을 과학적인 연구 방법을 동원해 연구하는 학문 분야'라고 볼 수 있을 것입니다. 시중의 사회과학서적들을 보면 대개가 역사적인 사실과 객관적 수치들을 근거로 저자가 사회현상에서 발견한 '규칙성'과 사회현상에 대한 저자의 '견해'를 논리적으로 전개하고 있습니다. 책에 등장하는 사회현상의 '규칙성'과 '견해'는 모두 하나의 '가설'로 볼 수 있을 것입니다.

일례로 '한국은 반세기 만에 최빈국을 벗어나 한강의 기적을 이루었다'는 현상을 사회과학자 A가 연구한다고 합시다. 그는 한국이 뛰어난 경제성장을 이룩한 비결이 정부의 우수한 '정책적 리더십'에 있다고 주장합니다. A는 본인의 '가설'을 증명하기 위해 풍부한 객관적 데이터들을 찾아내어 '정책적 리더십'을 추진하기 전과 후의 급격하게 달라진 경제성장률을 비교해가며 '가설'을 논리적으로 뒷받침하는 데 성공합니다.

사람들은 A의 주장에 수긍하며 한국이 탁월한 경제성장을 이룩한 비결은 바로 정부의 우수한 '정책적 리더십'에 있다는 그의 가설을 정설로 받아들이기 시작합니다. 따라서 외국인이 '한국이 반세기 만에 뛰어난 경제성장을 이룩하게 된 비결이 무엇이냐'고 묻게 될 때 사람들은 자연스럽게 그 비결은 정부의 훌륭한 '정책적 리더십'에 있다고 대답하게 될지도 모릅니다.

하지만 A가 내세운 '가설'로는 한국이 반세기 만에 한강의 기적을 이뤄낸 현상을 있는 그대로 담아내는 데에는 분명한 한계가 있습니다.

한국이 뛰어난 경제성장을 이뤄낸 현상 이면에는 정부의 우수한 '정책적 리더십'이란 변수 이외에도 수많은 노동자의 피땀 어린 노력과 베트남 전쟁 참전 및 한일수교를 통한 외국으로부터 얻은 대규모 지원 등 위의 사회현상의 이면에는 A가 의미를 부여하지 않은 수많은 변수가 존재합니다.

불교의 『반야심경』에서 주장하는 '공(空)' 사상의 이치와 마찬가지로 하나의 사회현상의 발생은 그 이면의 무수히 많은 변수의 결합으로 이루어진다고 생각합니다.

만약 이면의 수많은 변수 중 어느 하나라도 배제되었더라면 그 사회현상의 결과는 지금과는 많이 달라져 있을지도 모릅니다. 하지만 A를 비롯한 사회과학자들은 대개 그 수많은 변수 중 본인이 의미를 부여할 수 있는 몇 가지의 변수들만을 고려하여 그 변수들과 사회현상 사이의 연관성 및 규칙성을 발견해낸 것이라 생각합니다.

즉, 하나의 사회현상의 이면에는 그 사회현상과 연관된 백 가지가 넘는 변수들이 존재한다고 가정해본다면 사회과학자들은 대개 본인이 특별한 의미를 부여한 몇 가지의 변수들만을 가지고 사회현상에 대한 '가설'을 세우게 됩니다.

모든 변수를 다 고려하게 된다면 사회현상에 대한 '법칙'을 도출해내는 데 어려움을 겪기 때문인지도 모릅니다. 이러한 연유로 사회과학자들이 내세우는 '가설'은 설명하고자 하는 사회현상의 이면을 전부 담아내는 데 분명한 한계가 발생하며, 사회현상의 단편적인 부분만을 실증적으로 연구할 수밖에 없는 한계가 있다고 볼 수 있습니다.

게다가 객관적인 데이터를 근거로 실증적으로 증명되었다 하더라도 '예외'가 발생할 수 있으며 사회과학적 법칙은 언제나 더 나은 '가설'로 대체될 가능성이 있기에 이것은 어디까지나 사회현상을 바라보는 하나의 '관점'이자 '해석'으로만 간주해야 할 것입니다.

우리가 사회과학서적을 읽는 목적은 사회과학자들이 내세운 여러 '가설'대로 세상을 맹목적으로 바라보고 이해하는 데 있는 것이 아니라고 생각합니다.

그들이 내세운 '가설'들을 통해 사회현상을 바라보는 다양한 관점들을 이해하고 나의 인식의 지평을 넓힘으로써 통찰력을 기르는 데 도움이 되어야 한다고 생각합니다. 사회과학 서적을 통한 인식의 확장과 통찰력의 함양은 결과적으로 세상을 바라보고 이해하는 본인만의 주체적인 '시각'을 갖추는데 도움이 되어야 할 것입니다.

무지개색이 일곱 가지라고 해서 무지개색을 항상 일곱 가지로 맹목적으로 바라보는 일은 없어야 합니다. 제가 관찰해본 바로는 무지개색은 일곱 가지일 때보다는 그보다 더 적은 경우가 훨씬 더 많은 것 같습니다. 내 눈에 무지개색이 네 가지로 보인다면 그 무지개의 색은 네 가지가 맞을 겁니다. 사회현상도 무지개색이 항상 일곱 가지라는 식의 '가설'을 통해서만 바라보지 말고 있는 그대로 바라볼 필요가 있다고 생각합니다.

그렇다면 사회현상을 '있는 그대로 바라본다'는 것은 어떠한 의미일까요. 사람은 세상을 바라볼 때 보이지 않는 '안경' 즉, 특정한 '프레임'을 통해 세상을 바라보게 된다고 생각합니다. 다만 사람마다 차이가 있다면 본인의 '안경'이 본인이 주체적으로 만들어서 착용하고 있는 경우와, 아니면 살아오면서 수동적으로 형성된 경우, 그리고 본인이 지금 안경을 끼고 있는지조차 자각하지 못하는 경우도 있는 듯합니다.

본인이 세상을 바라보는 시각, 프레임, 안경(셋 모두 비슷한 의미라고 생각합니다)은 근본적으로 본인의 삶의 목적에서 비롯된다고 볼 수 있습니다. '나는 무엇을 위한 삶을 살 것인가'에 대한 분명한 대답이 바로 삶의 목적이자 본인이 추구하고자 하는 뜻이 되겠지요.

　만약 B라는 사람이 뚜렷한 삶의 목적 없이 단순히 남들처럼 돈을 많이 버는 것을 바라며 살아간다고 가정해봅시다. B의 가치관은 아마도 돈을 버는 데 도움이 되는 방향으로 형성될 가능성이 높을 것입니다. 사람의 가치관은 주로 본인이 추구하는 목적에 따라 결정되는 경향이 있기 때문입니다.

　삶의 목적에 맞게 본인의 가치관이 형성되고 그 가치관을 바탕으로 본인만의 '바탕지식'을 형성하게 됩니다. B가 본인의 가치관에 부합하는 지식을 수용하며 형성한 것들이 곧 본인의 '바탕지식'이 되어 B가 세상을 바라보고 이해하는 토대가 되는 것이지요. 이 '바탕지식'이 바로 B가 쓰고 있는 보이지 않는 '안경'의 실체라고 봐도 무방할 것입니다.

　B는 본인이 돈을 추구함에 따라 본인이 돈을 버는 데 도움이 되는 '대상'은 주로 좋은 것으로 '인식'하고 반면, 방해가 되는 '대상'은 지양해야 할 것으로 '인식'할 가능성이 높을 것입니다. 게다가 돈을 버는 데 도움이 되는 지식과 가설이라면 무엇이든지 적극 수용하려 들 것입니다. 그것들을 주장한

주체가 사회적 권위와 부를 걸머쥔 사람이라면 더욱 그들의 주장에 열광하게 되겠지요. 아마 B는 그들의 주장대로 맹목적으로 세상을 바라보고 이해함으로써 점점 본인만의 주체적인 시각을 잃게 될지도 모릅니다.

반면 '나는 무엇을 위한 삶을 살 것인가'에 대한 본인만의 대답이 분명한 사람은 확고한 삶의 '뜻'을 품고 그 뜻에 부합하는 주체적인 가치관을 형성하게 됩니다.

이러한 주체적인 가치관은 본인이 수용해야 할 가설들과 지식들을 판단할 힘을 제공해줍니다. 본인의 뜻을 이루는 데 도움이 되는 것들은 참고하고 그렇지 못한 지식과 가설들은 아무리 권위 있는 사람의 것일지라도 단호하게 거부하고 얽매이지 않을 수 있는 자유로움이 생기는 것이지요.

따라서 삶의 뜻이 분명한 사람은 주체적인 가치관을 토대로 본인만의 주체적인 바탕지식을 형성하게 됩니다. 여기에서 바로 본인만의 주체적인 시각과 본인이 주체적으로 선택한 안경을 확보하게 되며 이는 곧 지금까지 살아오면서 외부에 의해 수동적으로 주입 당한 모든 이데올로기와 관념으로부터의 자유를 의미하는 것입니다.

반면 본인만의 뚜렷한 삶의 목적이 없는 사람은 B의 경우처럼 대개 돈과 같은 외부적인 조건들을 좇으며 살아가게 될 가능성이 높습니다. 가치관 또한 주체성이 흐릿하여 늘 외부적 상황과 온갖 권위에 휘둘리며 수동적으로 세상의 유행하는 가설과 지식을 저항 없이 수용하게 될 가능성이 높습니다. 이에 따라 본인의 '바탕지식'은 정체성이 불분명한 것들로 가득 차게 되는 것이겠지요. 따라서 본인의 세상을 바라보는 시각은 세상의 수많은 권위 있는 사람들의 주장들에 늘 종속되어 부자유스럽고 맹목적일 가능성이 높을 것입니다.

이런 상황에서는 본인이 안경을 끼고 세상을 바라보고 있다는 사실을 알아채기 어려울지도 모릅니다. 본인의 눈에 비친 세상은 있는 그대로의 세상일 것이라 착각하면서 말이지요. 설사 안경을 끼고 세상을 바라보고 있음을 자각한다 하더라도 그 안경은 상황에 따라 수동적으로 만들어진 것이기에 아쉬움이 있는 것입니다.

사회현상을 있는 그대로 바라본다는 것은 어쩌면 불가능에 가까운 일인지도 모르겠습니다. 누구나 본인만의 '바탕지식'을 토대로 세상을 바라보기 때문입니다. 다만 본인이 세상을 바라보기 위해 착용한 안경이 본인만의 주체적인 것이냐 아니냐의 문제가 더 의미 있는 것이 아닐까 생각합니다.

누구나 본인만의 뚜렷한 삶의 목적을 가짐으로써 주체적인 가치관을 바탕으로 모든 거대이론과 지식으로부터의 자유를 쟁취하여 본인만의 주체적인 시각을 가지는 것이 가능하다고 봅니다.

이렇게 사회과학저서들을 고찰한 것은 이 글을 읽는 많은 사람들이 본인만의 뚜렷한 삶의 목적을 정립함으로써 결과적으로 주체적인 시각을 확보하게 되기를 바라는 마음이 있었기 때문입니다. 저 또한 언제나 자유롭고 주체적이기 위해 제 '뜻'을 살피며 늘 깨어 있으려 합니다.

과학에 대한 단상

　과학적으로 검증이 가능한 것만 사실로 받아들이려는 사람이 있습니다. 만약 그 사람이 어젯밤 무시무시한 꿈을 꾸었다면 그 꿈은 어떻게 증명할 수 있을까요? 과학적으로 검증할 수 없기에 그 꿈은 미신으로 치부해야 할까요?

　어젯밤 꿈의 영향으로 오늘 하루의 감정이 큰 영향을 받고 있어도, 본인은 그 꿈을 과학적으로 검증하기가 어렵기에 본인의 꿈을 단순한 환상으로써 거부하게 될지도 모릅니다.

　사랑은 어떨까요. 사랑은 인간으로 하여금 삶의 행복을 찬미하게 하기도 하고 실연의 고통으로 좌절케 하기도 합니다. 하지만 사랑은 과학으로 검증이 가능한 것일까요?

　사랑은 과학적으로 검증 가능한 것이 아니기에 인간의 단순한 감정적인 착각이라 간주하는 사람은 없겠지요. 살아오면서 본인이 사랑에 빠졌던 경험이 적어도 한두 번은 존재할 테니 말입니다.

　우리는 왜 누군가가 주장한 '과학적으로 검증 가능한 것만을 사실로 받아들여야 한다'는 명제를 의심해보지 않을까요? 사실 이 명제는 그 누군가의 '견해'일 뿐인데 말입니다. 그 '견해'를 주장한 사람의 사회적인 권위에 굴복하여 그 사람의 '견해'를 절대시 하고 있었던 것은 아닐까요.

'과학적으로 검증 가능한 것만을 사실로 받아들여야 한다'는 명제에 얽매여있는 한 우리는 자신을 외눈박이로 만드는 결과밖에 되지 않을 것입니다. 우리의 삶에는 경험적으로 검증 가능한 물질적 측면과 아울러 과학적으로 검증하기가 어려운 정신적 측면도 큰 영향을 주고 있으니까요.

누군가가 내게 보내는 신뢰가 내 삶의 큰 긍정적 전환의 계기가 되기도 하고 누군가의 긍정적인 감정이 나의 하루를 보다 활기차고 유쾌하게 보내는 데 큰 기여를 하기도 하는 경우가 많습니다. 물론 그 반대의 경우도 있을 것입니다. 이와 같은 정신적인 측면들은 분명 우리 삶에 있어 결코 무시할 수 없는 큰 영향력을 행사하고 있음에도 이를 과학적으로 검증해내기는 많은 어려움이 있을 것입니다.

이 세상은 우리가 살아가는 터전입니다. 우리의 삶의 본질은 단지 살아가는 것일 뿐이지요. 하지만 인간은 세상에 대한 의문을 해결하고 삶을 좀 더 나은 방향으로 이끌어 가기 위해 과학을 비롯한 여러 학문을 통하여 우리의 삶과 이 세상을 탐구하려 많은 노력을 하게 됩니다. 과학적 수단을 통해 도출된 많은 법칙은 일차적으로 이 세상과 우리의 삶을 명확히 이해할 수 있도록 '설명하기 위하여' 존재하는 것이라 볼 수 있겠지요. 따라서 그것들은 대부분 그것을 주장한 사람의 세상에 대한 '가설' 이자 '지구본' 일 뿐이며 절대적인 것은 없습니다.

모든 과학적 법칙에는 칼 포퍼가 주장한 대로 '반증가능성' 이 있기에 과학은 끊임없이 기존의 법칙에서 발견된 결함들을 보완해가며 발전해나가고 있는 것입니다.

현재 과학계를 지배하는 그 어떤 신뢰할만한 법칙에도 '결함' 이나 '예외' 가 발견될 수 있으며 언제든 더 나은 새로운 법칙으로 대체될 가능성이 있습니다. 어쩔 수 없는 '귀납' 으로써의 한계가 있기 때문이겠지요. 지난 천 년의 기간 동안 발견된 모든 백조의 깃털이 흰색이라고 하여 '모든 백조의 깃털은 흰색이다' 는 법칙을 정립한다 하더라도 단 한 마리의 '검은 백조' 의 등장 앞에서는 천 년간 지켜온 그 법칙은 깨어질 수밖에 없습니다. 그 누구도 '검은 백조' 라는 반증사례가 나오지 않으리라는 보장은 할 수 없겠지요. 현재 잠정적 진리로써 받아들여지고 있는 과학적 법칙들은 위의 '검은 백조' 와 같은 반증사례를 아직 만나지 못한 행운을 누리고 있는 경우라고 볼 수 있을 것입니다.

토마스 쿤이 주장한 '과학혁명' 의 개념을 보면 정상과학은 필연적으로 위기에 봉착하게 되고 고정불변한 패러다임은 존재하지 않는다는 것을 알 수 있습니다. '패러다임'이 변화한다는 것은 패러다임에 포함되어있는 기존의 법칙들로는 설명할 수 없는 사례들이 시간이 지남에 따라 필연적으로 증가하여 기존의 패러다임이 위기에 처하게 됨을 의미하며 이는 결국 과학적 법칙의 본질이 '가설'이자 '지구본'임을 나타내준다고 볼 수 있습니다.

과학적 법칙이 '가설'이고 '지구본'이기에 '반증가능성'이 존재하고 그 결과 '패러다임'은 항상 변화하게 되는 것이겠지요.

그리고 현재 과학적으로 검증이 된 법칙들은 또 다른 방식으로도 얼마든지 설명이 가능할 수 있다고 봅니다. 이해를 돕기 위해 유치한 예를 하나 들어보면, 사과나무에서 사과가 땅으로 떨어지는 것을 과학자 A와 B가 관찰했다고 합시다. 과학자 A는 본인의 관찰을 토대로 허공에 있는 사물이 땅으로 떨어지는 현상을 중력에 의한 '떨어짐의 법칙'이라 주장하게 됩니다. 반대로 과학자 B는 허공에 있는 사물이 땅으로 떨어지는 현상을 두고 '지구상의 모든 물체는 위치적으로 도달할 수 있는 가장 낮은 곳에 머무르려는 성질이 있다' 하여 사물의 '머무름의 법칙'이라고 주장한다면 어떨까요.

A는 본인의 '떨어짐의 법칙'을 주장하며 실험을 통해 많은 사물을 허공에서 떨어뜨려 봄으로써 본인의 가설을 검증하게

됩니다. 마찬가지로 B도 본인의 '머무름의 법칙'을 주장하며 비슷한 실험을 통해 본인의 가설을 검증하게 됩니다. 허공에 있는 사물은 위치적으로 도달 가능한 가장 낮은 곳인 땅에 머무르기를 원하기에 자연스럽게 허공에서 땅으로 떨어지게 되겠지요.

결국 과학자 A의 '떨어짐의 법칙'이나 B의 '머무름의 법칙' 모두 같은 현상을 타당하게 설명이 가능한 것입니다. 모두 특정한 현상을 일관성 있게 합리적으로 설명하기 위해 만들어낸 '가설'이 되는 것이겠지요.

만약 우리보다 문명이 발달한 외계인이 존재한다면 그리고 그 외계인들이 우리의 과학적 법칙들을 보게 된다면 이렇게 생각할지도 모릅니다. '인간은 이렇게 세상을 이해하고 바라보는군' 하면서 말이지요.

저는 과학이 본질적으로 세상에 존재하는 '수많은 설명방식 중의 하나'일 뿐이라는 견해를 가지고 있습니다. 물론 경험적으로 검증됨으로써 가장 실제성이 높은 설명방식이 되겠지요.

과학적인 검증은 단지 그 가설에 권위를 부여하고 사람들을 납득시키기 위한 행위라고 생각합니다. 일종의 '지구본'에 대한 KS마크라고 간주해볼 수 있겠지요. 즉, '이 지구본은 우리의 경험에 비추어 봤을 때 일관성 있게 합리적으로 지구를 잘 설명해주고 있다'는 권위의 표시가 될 것입니다.

정리해보자면, 과학이란 학문은 본질적으로 세상을 이해하고 설명하기 위한 여러 수단 중 하나이며 과학적 수단과 절차를 통해 얻은 법칙들은 현재 이 세상의 현상들을 가장 객관적이고 합리적으로 잘 설명해주고 있는 훌륭한 '지구본'으로 인정받는 것 같습니다.

다만 지구와는 별개로 우리가 신뢰하는 과학적 '지구본'은 시간이 지남에 따라 고정되지 않고 끊임없이 변화하기에 우리가 신뢰할 수 있는 인식의 범위를 과학이란 틀에만 한정 짓는 것은 너무 협소한 태도는 아닐지 한 번쯤 생각해보는 것도 좋을 것 같습니다.

타인의 세계로의 초대

이 세상 모든 사상과 이론들은 '세상을 어떻게 바라볼 것인가'에서 시작된다고 생각합니다. 그리고 사상과 이론을 펼치는 사람은 본인이 만들어놓은 정교한 세계에 타인을 초대하게 되는 것입니다.

일례로 눈앞에 구체가 있다고 합시다. 그 구체는 그냥 구체입니다. 하지만 권위 있는 A라는 사상가가 그것을 야구공이라고 한다면, 그리고 그 구체가 야구공인 이유에 대한 논리적인 근거를 대게 된다면 그것은 더욱 설득력 있게 야구공처럼 보일 것입니다.

만약 당신이 A의 야구공 논리를 옳다 여겨 수용한다면 당신은 그 사람의 세계에 초대받은 것이라 볼 수 있습니다. 고로 그 순간부터 당신은 무의식적으로 그 구체를 야구공으로 인식하며 살게 될 가능성이 높겠지요.

하지만 그것은 그냥 구체일 뿐이었습니다. A의 논리는 결국 설득력 있는 근거를 통해 당신을 '구체를 야구공으로 바라보는' 본인의 세계에 초대하는 것이고 그 결과, 당신은 그 구체를 야구공이라고 인식하며 살아가게 되는 것이겠지요. 당신은 A가 만든 보이지 않는 세계에 초대된 것입니다. 하지만 당신은 A의 세계에 머물고 있다는 사실을 눈치챌 가능성이 드물 것입니다. 이것은 아주 미묘하게 당신을 지배하기 때문입니다.

또 다른 예로 B라는 영향력 있는 인물이 우리의 삶을 고통이라고 규정하고 삶이 고통인 이유에 대해 논리적인 근거를 댄다고 합시다. 만약 당신이 B의 논리에 동조하는 순간 당신은 삶을 고통의 대상으로 바라보기 시작하게 될지도 모릅니다.

하지만 삶은 삶 그대로 일뿐입니다. 그것은 고통의 대상도 기쁨의 대상도 아니지요. 단지 당신이 이 삶을 B가 주장한 대로 '고통'의 시선으로 바라보고 있기 때문에 당신에게는 이 삶이 고통으로 다가오는 것일 수도 있을 것입니다. 하지만 당신은 '세상을 고통으로 바라보는' B의 세계에 초대되었기 때문에 본인의 삶을 고통의 대상으로 인식하고 있다는 사실을 눈치 채기란 어려운 일입니다. 위에서 언급했듯이 이것은 아주 미묘하게 당신의 인식에 영향을 주기 때문입니다.

당신이 만약 공자, 한비자, 소크라테스, 마키아벨리 등 권위 있는 누군가의 사상에 동조하고 있다면 당신은 그 사람이 만들어 놓은 세계에 초대된 셈이라 볼 수 있습니다. 하지만 대부분의 사람은 본인이 그 누군가의 세계에 초대되었다는 사실을 눈치채지 못하는 것 같습니다. 본인의 인식과 판단이 실은 그 누군가의 세계에서 비롯되고 있다는 것을 알아채기란 참으로 어려운 일입니다.

혹시 당신의 무의식적인 인식과 판단 중에서 과연 얼마나 많은 부분이 순수한 당신만의 것인지를 생각해 보신 적이 있으십니까? 우리는 어쩌면 누군가가 보라는 대로 세상을 바라보고 누군가가 옳다고 주장하는 대로 그것을 옳다고 여기며 살아가고 있는지도 모릅니다.

만약 『군주론』을 백 번 읽은 사람이 있다면, 그 사람은 마키아벨리의 냉혹한 세계가 너무나 마음에 들어 그 속에 더욱더 깊게 머물기를 바라는 사람인지도 모릅니다.

마키아벨리가 제시한 세상에 대한 인식과 판단들을 옳다 여기며 이를 기꺼이 추종하기를 원한다고도 볼 수 있겠지요. 조금 과장을 덧붙여 본다면 그는 마키아벨리에게 길들여지고 있는 셈입니다. 그는 자기만의 주체적인 세상에 대한 인식과 판단을 하는 것에 두려움을 느껴서일까요?

만약 우리가 이러한 보이지 않는 영향들을 눈치채며 살아가고 있다면 우리는 '깨어있는' 사람일 것입니다.

형이상학의 존재가치에 대하여

현재 과학을 비롯한 경험적으로 검증된 지식들은 세상의 이치에 대해 '어떻게'에 해당하는 영역을 설명하고 있다고 생각합니다. 일례로 누군가가 지구에 생명체가 자라날 수 있는 환경을 조성하는 낮과 밤의 변화는 '어떻게' 발생하게 되는가에 대한 의문을 가진다고 합시다.

과학은 지구가 남극과 북극을 지나는 선을 축으로 하루(24시간)에 한 바퀴의 주기로 회전하는 '자전'을 함으로써 낮과 밤이 발생하게 된다고 친절하게 설명해줄 수 있을 것입니다. 즉, 지구에 생명체가 자라나는 데 필요한 낮과 밤이란 현상이 '어떻게' 발생하게 되는지를 설명하는 것이 되겠지요.

그렇다면 보다 본질적인 '왜'에 대한 의문에 대해서는 어떨까요? 낮과 밤의 발생으로 지구에 생명체가 자라날 수 있는 환경이 조성되는 현상에 대해 '왜 지구는 자전을 하면서(낮과 밤을 발생시키면서까지) 지구에 생명체를 자라나게 하는가' 하는 의문을 가져본다면 어떠할까요?

과학이 맹위를 떨치는 21세기에도 여전히 경험적으로 검증하기 어려운 형이상학적 지식의 존재를 우리가 외면할 수 없는 이유가 바로 여기에 있다고 생각합니다.

표면적 현상을 넘어선 본질적 의문에 대한 탐구는 과학적 방법으로는 접근이 불가능하기 때문입니다. 오직 형이상학에서만이 위와 같은 본질적 의문에 대한 타당한 접근이 가능한 것이기에 형이상학은 공허한 담론으로 무시되기보다는 과학적 지식과는 다른 범주로써 존중하는 것이 성숙한 태도라 생각합니다.

경험적으로 증명가능한 과학적인 것만을 사실로 받아들이려는 태도는 많은 사람들로 하여금 과거 종종 말썽을 일으키곤 하던 부정적 미신들로부터 이성의 냉정함을 되찾게 해준 것이 사실입니다. 하지만 그와 동시에 표면적인 현상을 넘어선 본질적인 '왜'에 대해서는 스스로 한쪽 눈을 가리게 만드는 외눈박이로 자처하게 만든 것인지도 모르겠습니다.

결국 경험적으로 증명 가능한 것만을 믿는 사람에게는 보다 근원적인 '왜'에 대한 물음은 혼자만의 그럴듯한 추측과 함께 영영 미지의 영역으로 남아있게 될 것입니다.

과학적 지식은 육안으로 파악이 가능한 표면적인 사물과 현상의 특성과 원리를 연구함으로써 인류문명의 기술적발전과 이해를 돕고, 형이상학적 지식은 현상 이면의 본질적이고 근원적 이치에 대한 올바른 '관법'을 제시하고 세상에 대한 넓은 안목과 깊은 통찰의 함양을 도와 인간이 나아가야 할 올바른 방향성에 대한 모색을 이끌어주는 것이 바람직하지 않을까 생각합니다.

다만 형이상학적 지식은 경험적으로 검증되기가 어려운 영역이니만큼 우리가 그러한 지식에 접근할 때에는 그것들이 의도하는 목적과 지향하는 방향성을 고찰해보는 신중한 태도가 필요할 것 같습니다. 만약 그것들의 목적이 인간의 삶과 성장에 도움이 되지 못하고 정신적인 의존만을 야기하며 삶에 대한 능동적인 의지를 약화시킨다면 그러한 지식으로부터는 스스로 거리를 두는 것이 현명한 태도가 되겠지요. 참고로 제가 권할 수 있는 좋은 형이상학적 지식으로는 '자천학(自天學)'이 있습니다.

이 세상에 '진리'는 없다

우리는 이 세상 속에서 살아간다. 이 세상은 우리가 살아가는 '터전'임과 동시에 '인식'의 대상이 되기도 한다. 인간은 어느 순간부터 우리가 살아가는 이 세상을 '인식'의 대상으로 삼게 되었고, 그 순간 모든 학설, 이데올로기, 과학, 종교가 탄생하게 되었다. 그렇다. 우리가 굳게 '진리'라고 믿고 있는 모든 것들은 실은 이 세상을 '인식'의 대상으로 삼은 결과 도출된 '견해'일 뿐이다.

우리는 철학, 종교, 과학, 사상이라는 누군가의 '견해'를 바탕으로 이 세상을 인식하며 살아간다. 대표적인 예로, 유교는 당시의 어지러운 세상을 '인식'한 결과 어지러운 세상을 바로잡기 위해선 인간의 내면을 규율할 필요가 있다는 판단이 묻어난 '견해'이며, 불교는 이 세상을 연기법 등을 이용하여 '인식'하고 삶이 고통임을 강조함으로써 사람들이 깨달음의 길을 가도록 유도하고, 깨달음을 얻을 수 있는 방편을 담은 '견해'이다.

또한 마르크스의 '자본론'은 자본가들에 의해 착취당하고 있는 노동자들의 현실을 '인식'하고 자본주의가 어떻게 노동자를 착취하는지를 논리적으로 증명해냄으로써 '노동자'들의 단결과 투쟁을 이끌어 내려한 의도가 담긴 '견해'이며, 철학은 본인의 일상에서 '인식'한 세상을 바탕으로 그것을 본인의 체험과 사색을 결부시켜 도출해낸 주관적인 '견해'이다.

과학적 사실은 세상을 '인식'한 후 그것을 연구와 검증을 통해 '법칙'이라는 '견해'로 도출한 것이다. 그 과학적 '법칙'에는 언제나 예외가 있으며 시간이 지남에 따라 새로운 법칙으로 언제든지 대체될 가능성이 있기에 과학적 사실도 하나의 '견해'일 뿐이다.

결국 모든 이론, 철학, 종교, 사상은 '이 세상을 어떻게 인식할 것인가'에서 시작되어 '나는 이 세상을 ~라고 생각한다'는 '견해'에서 마무리 된다. 그리고 그 '견해'를 뒷받침하기 위해 논리적인 근거로 그 '견해'를 '진리'에 가깝게 만든다.

만약 이 세상이 네모난 상자라고 한다면, 누군가는 그 상자를 두고 신발상자라고 할지도 모르고 누군가는 그 상자를 두고 과일상자라고 할지도 모른다. 신발상자라고 주장한 사람은 그것이 왜 신발상자인지 논리정연하게 근거를 댄다. 과일상자라고 주장한 사람도 마찬가지일 것이다. 그러나 그것은 신발상자일 수도 있고 과일상자일 수도 있지만, 원래는 그냥 네모난 상자였을 뿐이다. 단지 '상자'라는 '실재성'과 '보편성' 위에 현란한 논리의 성을 쌓아나가는 것이다.

이 세상도 마찬가지다. 이 세상은 그냥 세상일 뿐이다. 모든 철학, 종교, 사상, 과학은 이 세상을 '인식'의 대상으로 삼고 마치 '네모난 상자'를 두고 '과일상자' 혹은 '신발상자'라고 인식한 '견해'일 뿐이다. 그리고 그 '견해'를 뒷받침할 논리 정연한 근거를 댄다.

위와 같은 모든 '견해'는 논리적인 근거를 통해 그 '견해'의 '틈'을 감추고 '견해'를 '진리'에 가깝게 만들려는 애씀이 있을 뿐이다. 그래야 많은 사람이 그 '견해'에 동조하고 그 '견해'를 만든 자의 의도대로 움직일 것이기 때문이다.

모두가 같은 세상을 바라본다. 하지만 이 세상이 어떤 세상인지는 그 사람이 가진 '견해'에 따라 서로가 다르게 세상을 인식한다. '세상'은 그냥 '세상'일 뿐이다. '세상'은 우리가 살아가는 곳이며 '인식'의 대상으로 삼느냐는 본인의 자유다. '세상'을 '인식'의 대상으로 삼는 그 순간이 모든 학설과 이론과 과학이 출발하는 시점이다. 그러므로 이 세상에는 '인식'의 결과인 '견해'만이 있을 뿐 '진리'는 없다.

말과 글의 한계

일기는 오늘 하루 있었던 일들에 관한 기록입니다. 만약 제가 누군가의 일기를 훔쳐본다면 저는 그 사람의 하루를 전부 알게 되는 것일까요? 저는 그 사람이 하루 중 강한 인상을 받았던 순간이나 그 사람 나름의 의미를 부여할 수 있었던 일부의 순간만을 일기를 통해 알 수 있게 될지도 모릅니다.

반면 별다른 인상을 받지 못했거나 스스로가 의미를 부여하기 어려웠던 순간들은 기록되어있지 않을 것입니다. 그것들은 기억하기 어려우니까요. 이외에도 글로는 옮기기 어려운 수많은 순간들이 있었을 것입니다. 미묘한 느낌과 분위기라든지 스쳐지나간 상념과 같은 것들 말이지요. 결국 우리가 하루를 기록하기 위해 남긴 글들은 우리 하루를 전부 담을 수는 없는 것입니다. 우리의 기억도 그렇지만 글에는 한계가 있으니까요.

만약 누군가의 글이 이 세상의 현상에 대해 다루고 있다면 어떨까요? 그 글을 통해 우리는 이 세상의 흐름을 명확히 이해할 수 있게 되는 것일까요? 아마도 그 글은 설명하고자 하는 현상 이면의 무수히 많은 변수들 중 저자가 나름의 의미를 부여할 수 있었던 몇 개의 변수들만을 모아 그 변수들과 현상 사이의 규칙성을 발견한 하나의 '가설'에 불과할 것입니다. 위의 일기의 경우처럼 저자가 의미를 부여할 수 없었던 많은 변수들은 제외한 채 말입니다.

세상은 우리가 살아가는 터전일 뿐입니다. 하지만 우리는 삶의 이로움을 얻고 세상에 대한 의문을 해소하기 위해 끊임없이 말과 글이란 수단을 활용함으로써 세상을 탐구하고 이해하려 노력하는 것 같습니다.

하지만 그것들은 우리가 세상을 이해하기 쉽도록 논리적으로 일관성 있게 잘 설명할 수는 있겠지만 세상의 이치 그 자체를 고스란히 담아내는 데에는 분명한 한계가 있습니다.

현대의 모든 지식들 중에서 가장 객관적이고 신뢰할 만하다고 여겨지는 과학적 법칙들을 보더라도 모든 법칙에는 '예외'와 '결함'이 발견될 가능성을 배제할 수 없으며, 기존의 법칙은 언제나 더 나은 새로운 법칙으로 대체될 가능성이 있기에 과학적 법칙도 결국은 세상의 이치를 고스란히 반영한 것이 아닌 설명하고자 하는 그 이치에 대한 하나의 '가설'이라 볼 수 있습니다. '가설'이니까 '결함'이 발생가능하며 끊임없이 더 나은 것으로 대체되어 가는 것이겠지요.

과학기술과 학문이 발달할수록 우리는 세상을 좀 더 명확하게 잘 이해하고 있다고 믿기 쉽습니다. 하지만 그것들은 어디까지나 세상에 대한 '가설' 일뿐 그 가설들이 담아내지 못한 '틈'을 간과해서는 안 될 것입니다. 마치 일기가 오늘 하루를 전부 담을 수는 없는 것처럼요.

세상을 정확히 알고 싶다면 그 궁금한 부분을 글이 아닌 직접 용기 있는 체험을 통해 알아가 보는 것도 좋을 것 같습니다. 그러한 용기 있는 체험을 통해 얻어낸 본인만의 값진 결론들은 주관적이라는 한계가 있겠지만, 나에게는 아주 유용하게 쓰일 것이 분명합니다.

만약 내가 그 유용한 결론들을 글로 옮기게 된다면 타인에게는 그것은 하나의 '견해' 이자 '가설'이 될 것입니다. 타인은 본인의 세계 속에서 그 '가설'을 참고하며 그것의 한계마저도 경험을 통해 직접 알아가야만 하겠지요.

'개인주체성'의 시대

누군가가 지식을 많이 알고 있다는 것은 '세상'이라는 '책'에 대한 수많은 타인들이 남긴 '주석'들을 많이 알고 있다는 의미와 크게 다르지 않다고 생각합니다. 지식이란 역사적 사실들을 제외하고는 대부분이 타인에 의해 남겨진 '세상'에 대한 '지구본'이자 '해석'이라 볼 수 있으니까요.

책에 달린 '주석'을 많이 알고 있다고 해서 스스로가 그 '책'의 본질을 명확히 이해하고 있다고는 장담할 수 없을 것입니다. 지식의 양과 세상에 대한 본질적인 이해도가 꼭 비례한다고는 볼 수 없겠지요.

지식은 오히려 타인의 시선에 스스로를 가두며 거추장스러운 '프레임'을 형성함으로써 세상을 맹목적이고 편협하게 바라보게 만들 위험성도 제공할 수 있다고 봅니다. 나쁜 책은 핵보다도 무섭다는 말이 있지요. 여기서 중요한 것은 위와 같은 타인이 남긴 '지식'들을 바탕으로 세상을 바라보는 '본인만의 주체적인 시각을 갖추게 되느냐'의 여부라고 봅니다.

우리가 지식을 가까이 해야 하는 이유는 지적 호기심을 채우고 교양을 쌓는 것도 있겠지만, 무엇보다도 인식의 확장과 통찰력을 기르고 더 나아가 본인만의 '주체적인 시각' 을 가지기 위함이 아닐까 생각합니다. 기존의 지식대로 세상을 맹목적으로 바라보고 이해하는 것을 항상 경계하면서 말이지요.

이제는 '집단지성' 을 넘어 누구나 '세상' 이라는 '책' 에 대해 본인만의 멋진 '주석' 을 달 수 있는 '개인주체성' 의 시대가 왔으면 합니다. '개인주체성' 의 시대는 가장 먼저 '지식' 의 본질을 깨닫는 데에서 시작되지 않을까요.

누군가가 사람들의 세상을 바라보는 프레임(Frame)을 바꿀 수만 있다면 그것은 세상을 변혁할 보이지 않는 혁명이 될 것입니다.

이데올로기가 세상을 바라보는 프레임의 대표적인 예라고 볼 수 있습니다. 만약 세상 사람들이 현재와 같이 자본주의의 프레임으로 이 세상을 바라보게 된다면 대부분의 사람들은 '자본'을 가질 때만이 인간은 행복해질 수 있고 참다운 삶을 누릴 수 있다는 암묵적 믿음 아래 살아갈 가능성이 높을 것입니다. 자본주의의 프레임을 통해 인식되는 세상에서는 '자본'의 소유 여부에 따라 계층이 나뉘고 사회적인 대우가 달라지기 때문입니다.

따라서 사람들은 '자본'의 소유를 위해 법의 테두리 안에서 수단과 방법을 가리지 않고 치열하게 경쟁하게 될 가능성이 높을 것이며, 언제든지 오늘날과 같은 인간소외현상과 물질만능주의의 각박한 세상을 연출하게 될 가능성이 높아지겠지요.

　반대로 과거 독일의 히틀러나 이탈리아의 무솔리니가 주장한 '전체주의' 의 프레임으로 세상을 바라보게 된다면, 개인은 오직 전체 속에서 비로소 존재가치를 가지는 것으로 인식됨으로써 개인의 안위와 행복보단 국가와 전체의 번영을 더 중시하게 될 가능성이 높을 것입니다. 개인의 삶의 태도는 국가에 헌신하고 충성을 다하며 국수주의를 지향하게 될 가능성이 높겠지요. 따라서 국가의 이름하에 개인의 행복과 안위는 쉽게 짓밟히고 대중들은 어떠한 비인간적인 지시에도 무비판적 자세로 순응하는 삶을 살게 될지도 모릅니다.

　세상을 어떤 프레임으로 바라보느냐에 따라 '나' 의 가치관과 사고방식과 행동양식이 180도 변화 되는 것 같습니다. 우리가 180도 변화됨에 따라 당연히 이 세상도 180도 바뀌게 되겠지요.

　세상을 바라보는 프레임이 이 세상을 그 프레임의 틀에 맞춰버리는 것입니다. 이는 형식이 내용을 규정하게 되는 것과 같은 맥락일 것입니다. 따라서 사람들의 세상을 바라보는 프레임에 영향을 미칠 수 있는 자는 사람들의 정신을 지배하고 궁극적으로 이 세상을 보이지 않게 규정하게 되는 것이 아닐까요.

떡볶이

세상엔 수많은 떡볶이가 있습니다. 궁중떡볶이, 라볶이, 치즈떡볶이……. 참 종류도 많습니다. 떡볶이는 우리가 출출할 때 찾는 좋은 새참이자 한 끼 대용의 식사일수도 있을 것입니다. 결국 떡볶이는 맛있게 먹기 위한 음식인 것이지요.

하지만 어떤 사람은 떡볶이에서 심오한 진리를 얻기 위해 열정을 가지고 양념을 일일이 분석하고 떡에 대해 유심히 탐구합니다. 또 어떤 사람은 우리 집 떡볶이가 최고라며 다른 집 떡볶이를 일일이 비교해가며 우쭐해합니다. 떡볶이는 그냥 맛있게 먹기 위한 음식인데 말입니다.

이 세상의 모든 학문적 이론들은 모두 '떡볶이'라고 생각합니다. 떡볶이가 우리의 허기를 달래기 위해 만들어진 음식이듯 모든 학문적 이론은 세상을 이해하고 설명하기 위해 만들어진 '가설'인 것이지요.

하지만 위에서 언급한 예와 비슷하게도 어떤 사람들은 이러한 '가설'을 세상을 이해하는 데 참고하기 위해 접근하기보다는 본인이 선호하는 이론을 떠받들고 그것을 심오하게 분석하기에 바쁜 경우가 더러 있는 것 같습니다. 그것은 단지 세상을 설명하기 위해 만들어놓은 가설이자 지구본인데 말입니다.

대표적인 예로 과학의 경우 세상을 객관적이고 합리적으로 '이해'하고 '설명'하기 위해 만들어진 것으로써 과학에서의 모든 법칙은 세상을 설명하고 있는 '가설'입니다. 모든 '법칙'에는 '반증가능성'이 있으며 고정불변한 패러다임이란 존재하지 않기 때문입니다.

따라서 과학적 법칙은 기존의 법칙에서의 결함들을 보완하며 점점 정밀하게 발전한다 하여도 어디까지나 '가설'이자 '지구본'일 수밖에 없는 것입니다. 지구본이 아무리 정교하게 지구와 닮아간다 하여도 지구본을 지구로 여겨서는 곤란하겠지요.

서양철학도 여기에 예외일 수는 없을 것입니다. 서양철학은 수백 년 동안 스쳐지나간 수많은 철학자들의 '견해'로 쌓아올려진 정교하고 체계적인 '견해'의 성이라고도 볼 수 있을 것입니다. 세상을 이해하기 위해 만들어진 거대한 떡볶이랄까요.

우리는 그저 철학자들의 견해를 맛있게 섭취하면 된다고 봅니다. 세상을 다양한 관점에서 이해하고 설명하고 있는 심오한 떡볶이니까요. 감사히 잘 먹으면 되지, 우리 집 떡볶이가 더 맛있다는 둥 혹은 떡볶이를 제단에 모시고 아침저녁으로 문안인사를 드리는 것은 곤란하겠지요. 물론 이것은 어디까지나 과장된 표현입니다.

사람이 특정 견해나 지식을 수용할 때 그것의 타당성을 고려하기보다는 의외로 본인의 신념이 지식수용에 더 큰 영향을 주는 경우가 있습니다. 아무리 타당한 지식과 견해일지라도 본인이 굳게 믿고 있는 신념에 어긋난다면 본인은 그 지식을 겉으론 수긍하지만 내면으론 수용하지 않는 것이지요.

혹시 이 글을 읽음으로써 강한 분노가 치밀어 오르고 있다면 그만큼 본인이 기존의 학문적 이론들에 심리적으로 강한 의존을 하고 있었다는 반증일지도 모릅니다. 언젠가는 세상의 모든 '학문적 이론'에 대한 정신적 의존에서 벗어나 본인만의 세상을 바라보는 주체적인 시각을 가지는 것도 필요하지 않을까요. 언제까지 타인의 견해와 이론에 나의 눈을 내맡길 수는 없으니까요.

관념에 대하여

　삶은 이해하는 것이 아니라 사는 것이다. 나를 믿고 사는 것이 삶의 본질이다. 모든 관념은 삶에 대한 해석에 불과하다. 관념은 삶을 자유롭게 하고 더 나아지게 해야지, 삶에 대한 해석이 오히려 삶을 공허하고 자유롭지 않게 한다면 그러한 관념은 관념으로써의 자격이 의심스러운 것이다.

　내 삶은 관념에 의해 의미를 부여당하지만 어디까지나 삶은 이해하는 것이 아닌 살아가는 것일 뿐이다. 관념을 부여잡고 삶을 논하는 것은 삶이 아닌 삶의 해석에 빠짐으로써 삶의 진정한 의미와의 괴리와 오해가 발생한다.

　관념은 어디까지나 '해석'으로 간주하고 '내 삶을 이렇게도 바라볼 수 있구나' 하고 참고하는 수준에서 넘어가야지, 관념을 부여잡고 의미에 집착하는 순간 그것은 내 삶과는 별개로 허공에 붕 뜨고 마는 것이다. '책은 성현들의 찌꺼기'라는 말도 어쩌면 이와 비슷한 맥락으로 바라볼 수 있지 않을까.

나만의 투시경을 가진다는 것

A라는 사람이 음식점을 차리기로 한다. 다행히도 그 음식점은 대박이 나서 많은 창업전문가가 이 음식점의 성공요인을 분석하기 시작한다. 그들은 A의 음식점이 입지가 좋고 맛과 서비스가 좋다는 등의 여러 성공요인을 도출해낸다.

마찬가지로 B라는 사람이 A의 성공사례를 보고, 그의 성공요인을 모방한 음식점을 다른 지역에 차리기로 한다. 하지만 불행히도 그 음식점은 손님이 뜸해 시간이 지나서 결국 문을 닫게 되었다.

B는 창업컨설턴트에게 찾아가 본인의 실패요인을 피드백받기로 한다. 컨설턴트는 B에게 그의 음식점이 주변의 음식점과 비교해서 상대적으로 가격이 비쌌고, 인테리어가 차별화되지 못했었다는 등의 여러 실패요인을 냉정하게 지적한다.

우리는 여기서 A와 B 음식점의 성공과 실패요인을 컨설턴트들을 통해 후천적으로 알아내는 것이 가능하다. 하지만 '왜' A의 음식점이 성공하게 되었는지 '왜' A의 음식점을 모방한 B의 음식점은 실패하게 되었는지 보다 근원적인 이유를 우리는 알 수 있을까?

즉, 우리는 A와 B가 '어떻게' 성공하고 실패하게 되었는지는 결과에 대한 후천적인 분석을 통해 알지만 '왜' A의 음식점은 그러한 성공요인을 갖추어 성공하게 되고 A의 음식점을 모방한 B의 음식점은 '왜' 그러한 실패요인을 갖춤으로써 실패하게 된 것인지 근원적인 이유를 알아내기란 어렵다고 생각한다.

쉽게 말해 A가 성공을 거두게 된 '어떻게'에 해당하는 요인들을 A가 얻게 된 원인과 B가 실패를 거두게 된 '어떻게'에 해당하는 요인들을 B가 피할 수 없게 된 원인을 의미한다.

애초에 A의 음식점의 '성공사례'에 대한 후천적인 '어떻게'의 영역만을 분석하고 적용한 B의 음식점은 결국 실패하고 말았다. 만약 B가 A 음식점의 성공사례에 대한 '왜'의 근원적인 영역을 알았더라면 어떠했을까? B가 그 A의 '왜'에 해당하는 근원적인 부분을 본인에게 적용할 수 있었더라면 그는 A와 마찬가지로 자연스럽게 성공요인을 갖추게 되어 결국 성공하게 되지 않았을까?

비슷한 예로, 부자가 되고자 하는 C가 있다. 그가 부자가 되고자 한다는 것은 그는 현재 부자가 아니라는 의미일 것이다. 하지만 그는 부자가 되는 법을 이미 책과 여러 성공사례들을 통하여 누구보다 잘 알고 있다.

즉, 그는 기존의 부자들이 '어떻게' 성공했는지는 잘 알고 있어 그들의 '어떻게'를 본인에게 잘 적용하여 열심히 실천해 왔으나 아직은 부자가 되는 데 성공하지 못했다. 그는 부자들이 결과적으로 '어떻게' 성공했는지는 잘 알고 있으나, 위의 사례와 마찬가지로 그들이 '왜' 성공하게 되었는지의 근원적인 이유는 알지 못한다.

'어떻게'는 부자들이 성공을 거둔 후에 그들의 성공사례를 분석한 결과 도출된 결론이고, '왜'는 '어떻게'에 해당하는 요인들을 일반 서민들과는 달리 그들만이 갖추게 된 것에 대한 보다 근원적인 원인에 해당하는 것일 것이다.

만약 C가 부자들의 '왜'에 해당하는 영역을 본인 또한 갖추고 있거나 본인에게 적용하는 것이 가능하다면, C 또한 기존의 부자들처럼 부자가 되는 데 필요한 '어떻게'에 해당하는 성공요인들을 자연스레 갖추게 됨으로써 결국 그도 부자가 되지 않을까 생각한다.

이 세상의 수많은 '현상'과 '사례'에 대한 많은 전문가의 분석이 있다. 그것들의 공통점은 분석하고자 하는 현상과 사례에 대한 '어떻게'의 영역을 전문적으로 제시하지만 더 근원적인 이유인 '왜'에 대해서는 대개 의문을 가지지 않는다는 것이다.

만약 우리가 세상을 바라볼 때 흔하디흔한 '어떻게'의 영역이 아닌 '왜'에 해당하는 영역을 바라보는 나만의 '눈'을 가지게 된다면, 그것이야말로 세상을 꿰뚫어볼 나만의 멋진 '투시경'을 가지게 되는 것이 아닐까.

내 욕망이 나의 바탕지식을 만든다

　나의 욕망이 나의 지식을 선택한다. 나의 바탕지식의 이면엔 나의 욕망의 선택이 있었다.

　일례로 나는 한때 권력자가 되고 싶었던 적이 있다. 그래서 히틀러나 모택동, 스탈린과 같은 무소불위의 권력을 휘두른 인물들을 연구하며 『군주론』 같은 어두운 서적들에 관심을 뒀던 적이 있다.

　그들의 공통점은 '후흑(厚黑)'이었고, 나는 그들의 권력을 부러워한 나머지 후흑을 갖추기 위한 어두운 서적들을 탐독했던 것이다. 하지만 시간이 지날수록 나 자신이 내가 원하지 않는 방향으로 변화되어가고 있음을 느끼게 되었고 나의 진정한 욕망은 단순히 본인만을 위한 어두운 권력이 아닌 긍정적이고 이타적인 방향에 향해있었음을 깨닫게 되었다.

　결국 나는 나의 진정한 욕망과는 달랐던 어두운 서적들에 대한 나의 지적추구를 멈추고 내가 가지고 있던 모든 어두운 서적들을 드럼통에 불태워버렸던 경험이 있다.

그 후 나는 나의 욕망이 원하는 대로 긍정적이고 밝은 서적들을 탐독하기 시작했고, 점차 마음의 힘을 자각하게 되었으며 올바른 권력의 의미와 내가 진정으로 원하는 것이 무엇인지를 깨닫게 되었다.

나는 나 자신의 '성장'과 '뜻'을 이룸에 따른 '훌륭함'을 원하지만 한때의 무지 때문에 단순한 정치적 권력이 내가 진정으로 원하는 바인 것으로 오해했던 것이다.

사람은 제각기 욕망이 다르다. 욕망이 다르니 그 욕망이 원하는 지식도 다를 것이다. 어떤 이는 예전의 나와 같이 어두운 '군주론'같은 지식을 욕망하여 이를 바탕으로 세상을 이해할지도 모르고, 어떤 이는 자기계발서적의 '무한 긍정'의 지식을 욕망하여 이를 바탕으로 세상을 이해할지도 모르고, 어떤 이는 정치적인 이데올로기나 종교적 가르침, 혹은 『논어』나 『손자병법』과 같은 옛 고서들에 기반을 둔 지식을 욕망하여 이를 바탕으로 세상을 이해할지도 모른다.

어떤 시각으로 세상을 이해하고 바라보든 내 시각의 토대인 내 바탕지식의 이면에는 내 욕망의 선택이 있었다는 것이다. 욕망이 다르면 서로의 바탕지식이 다르고 그에 따라 서로가 세상을 바라보고 이해하는 시각도 다르다. 따라서 모두가 같은 세상을 바라보지만 서로에게 비친 이 세상의 모습은 모두 다를 수밖에 없다.

나는 왜 그것을 거부하는가

세상엔 수많은 개념이 있다. 행운, 천재, 운명, 재능, 우연, 신, 윤회, 깨달음……. 너무나 많은 개념이 있다. 그 개념 중 어떠한 개념은 내가 수긍하며 받아들이는 데 반해, 어떠한 개념은 내가 거부하게 되는 게 있다.

누군가는 윤회란 개념을 수긍하며 받아들일 것이고, 누군가는 윤회란 개념에 거부감을 느낄 수도 있을 것이다. 누군가는 운명이란 개념을 수긍하며 받아들일 것이고, 누군가는 운명이란 개념에 거부감을 느낄 수도 있을 것이다.

사람들은 왜 어떤 개념은 수긍하고 어떤 개념에는 거부하게 되는 걸까? A라는 사람이 학창시절에 수학에 재능이 뛰어난 학생과 재능은 없지만 열심히 노력하는 학생과 같은 반이었다고 치자. 학기 초반에는 재능이 있는 학생이 반에서 수학을 제일 잘했지만, 시간이 지날수록 재능은 없지만 열심히 노력하는 학생에게 성적이 점점 뒤처지게 된 것을 보았다. 그때 A는 '재능보다는 노력이 중요하구나' 하는 믿음을 가질지도 모른다.

하지만 B라는 사람이 같은 상황을 경험했다면 그는 A와 다르게 '재능이 있는 아이가 처음에는 잘했으니 역시 중요한 건 재능이야, 타고난 재능에 조금만 노력했더라면 그 친구는 결코 선두자리를 뺏기지 않았을 거야'라고 믿을지 모른다.

그러한 경험을 한 후 누군가가 재능의 중요성에 대해 주장한다면 A는 그 주장에 대해 반박하며 재능이란 개념에 그리 호의적이지 않은 태도를 보일지도 모르겠다. 반대로 B는 그 주장에 찬성하며 재능이란 개념에 호의적인 태도를 보일 수 있을 것이다. 결국 내가 어떠한 개념을 받아들이고 거부하는 이유는 내가 가진 믿음에 부합하면 받아들이고 그렇지 못하면 거부하는 것으로 봐도 무방할 것 같다.

그렇다면 왜 A는 같은 상황에서 노력이 중요하다는 믿음을 가지게 된 것이고, 왜 B는 재능이 중요하다는 믿음을 가지게 된 것일까? 같은 경험을 통해서 서로 다른 믿음을 가지게 되는 이유는 무엇일까?

이런 경우는 상당히 많다. C라는 사람이 사업에 실패했다고 한다면 C는 본인의 실패 원인을 불운 때문이라며 점집을 전전하는 경우가 있고, D라는 사람이 사업에 실패했다고 한다면 D는 본인의 실패 원인을 준비부족으로 판단하여 자신의 능력을 쌓는 데 더욱 노력을 기울이는 경우가 있다.

같은 경험을 통해서 서로 다른 방향의 믿음을 가지는 것은 과연 후천적인 요인 때문일까? 선천적인 요인 때문일까? 사람은 태어날 때부터 본인만의 특징적인 성향을 타고나며 본인의 성향에 맞게 믿음을 쌓아나가게 되고, 그 믿음에 부합하는 개념들을 받아들이며 살아간다.

　따라서 내가 수긍하거나 거부하는 개념들이 무엇인지 잘 살펴보면 나의 믿음을 알 수가 있고, 나의 믿음을 알면 나의 성향을 알 수가 있고 나의 성향을 알면 내가 왜 그러한 성향으로 태어났는지 그 이유에 대해 사색해볼 수도 있을 것이다. 그 이유를 사색해본다면 내가 이생에서 나아가야 할 올바른 방향을 모색하는 데 도움을 얻을 수 있지 않을까?

주체적인 삶을 살기 위하여

올바른 삶의 목적의 정립이 주체적인 삶의 시작이 된다. 올바른 삶의 목적이란 돈과 지위와 권력과 같은 '수단'이 아닌 그 실현 자체만으로 본인에게 뿌듯한 만족을 줄 수 있어야 한다.

많은 사람이 갈망하는 돈과 지위와 권력이 올바른 삶의 목적이 될 수 없는 이유는, 그것들은 단지 수단으로서의 가치가 있을 뿐이기 때문이다. 돈과 지위와 권력의 성취만으로는 우리에게 온전한 만족을 줄 수 없다. 오직 그것들의 성취를 통해 본인이 원하는 다른 무언가를 누릴 수 있을 때 비로소 그것들은 본인에게 의미가 있을 뿐이다.

만약 우리가 돈으로 현재와 같이 많은 것들을 누리는 것에 제약이 발생한다면 돈이 큰 의미가 있을까? 국가비상사태나 전시를 고려해본다면 돈은 결국 무언가를 위한 수단에 불과하다는 것을 알 수 있다.

지위와 권력이 지금처럼 많은 특혜를 보장하지 않는다면 어떨까? 더 높은 지위와 권력을 얻는다는 것이 순수하게 국가와 국민을 위해 더 많은 희생과 봉사를 한다는 의미가 된다면 지금처럼 지위와 권력이 사람들의 동경의 대상이 될 수 있을까?

결국 돈과 지위와 권력은 단지 수단으로서 본인이 진정으로 원하는 다른 무언가를 누리는 것에 도움이 될 때 가치가 있을 뿐 그것 자체가 삶의 목적이 될 순 없다. 다만 본인이 세운 올바른 목적을 이루는 데 돈과 권력과 지위가 필요하다면 그것들은 올바른 목표는 될 수 있을 것이다.

우리가 위의 한시적이고 외부적인 것들을 동경하는 이유는 어쩌면 그것들을 통해 나의 존재의미를 드러내기 위함이거나 세상으로부터 인정받기 위한 수단일지도 모른다. 혹은 그것들을 통해 본인이 원하는 다른 무언가를 누리기 위함일 수도 있겠다.

이유가 어찌되었던 많은 사람이 목적으로 두고 있는 돈과 권력과 지위는 단지 수단으로써의 가치가 있으며 그 자체로 삶의 올바른 목적이 될 수는 없다. 올바른 삶의 목적이란 그 목적의 실현만으로 내게 뿌듯한 만족을 줄 수 있어야 하며 단순히 바라는 것이 아닌 원하는 것이 될 수 있어야 한다.

바라는 것과 원하는 것은 서로 비슷해 보이지만 둘 사이에는 큰 차이가 있다. 일례로 누구나 부자가 되길 바라지만 부자가 되는 사람은 드물다. 부자가 되길 바라는 사람은 많아도 부자가 되길 원하는 사람은 드물기 때문이다.

부자가 되길 바라는 사람은 단순히 바라며 부자가 되기 위한 흉내를 낼 뿐이지만, 부자가 되길 원하는 사람은 그 바람이 간절하기에 강한 의지를 뒷받침하여 부자가 되기 위한 강력한 실천을 꾸준히 행하게 된다.

단순히 바라는 것이 아닌 내가 진정으로 강한 의지로써 지속적으로 실천하며 원할 수 있는 것이 바로 내가 원하는 것이 되며 나만의 목적이 될 수 있다. 물론 내가 무엇을 원하는지는 자신의 욕망에 내재한 어느 정도 선천적인 부분이라 생각한다. 자신의 욕망을 잘 관찰하여 단순히 내가 바라는 것이 아닌 진정으로 원하는 것이 무엇인지를 알아채야 한다.

이외에도 올바른 삶의 목적이 되기 위해선 나의 목적이 세상에 이로움이 되어야 한다. 그 이유는 세상에 이로움이 되는 것이 결과적으로 나에게 이로움이 되는 것과 다르지 않기 때문이다. 현재 나에게 다가오는 대부분의 상황은 내가 과거에 행했던 행동의 결과인 경우가 많다.

나의 목적이 나의 이로움과 더불어 세상에 이로움을 가져다준다면 시간이 지날수록 나의 목적에 걸맞은 이로운 상황들이 본인에게 다가올 것이다. 자신을 진정으로 사랑하는 사람이라면 본인에게 늘 이로운 상황이 지속적으로 다가오도록 노력해야 함은 당연하다. 그러므로 올바른 삶의 목적은 나의 이로움뿐만 아니라 세상의 이로움도 고려해야만 한다.

자신만의 올바른 삶의 목적이 정립되면 그 삶의 목적이 그 사람의 삶의 가치관 형성에 중심으로 자리잡힐 수 있게 된다고 생각한다. 내가 정립한 목적을 기준으로 내 목적을 성취하고 이루는 데 도움이 되는 것은 내가 지향해야 할 가치이고, 도움이 되지 못하거나 방해가 되는 경우 그것은 반대로 지양해야 할 가치가 될 수 있을 것이다.

책을 봐도 그렇다. 누군가의 견해와 사상이 나의 목적을 성취하는 데 도움이 되면 그 견해를 적극 수용하고, 그 반대가된다면 그 저자가 아무리 권위가 있고 세상으로부터 널리 인정받는다 하여도 당당하게 그 견해를 거부할 수 있게 되는 것이다.

이 세상엔 진리는 없으며 모든 학설과 철학 및 사상은 모두 '견해'의 산물일 뿐이기에 누군가의 권위 있는 주장에 억압되어선 곤란하기 때문이다. 자신만의 올바른 삶의 목적의 정립은 자신만의 주체적인 가치관의 형성을 돕고 이를 토대로 본인이 진정으로 옳다고 판단한 것을 수용하고 그르다고 여긴 것을 거부할 힘이 생긴다.

자신의 주위를 한번 둘러보라. 내 주위를 둘러싼 많은 것들 중 진정 나만의 가치관을 바탕으로 주체적인 판단을 거쳐 내 곁에 머물러 있는 것들이 과연 얼마나 될까? 대부분은 자의반 타의 반 혹은 상황에 따라 자연스럽게 내 곁에 머물러 있는 인간관계와 사물들이 아닐까?

자신만의 판단을 거쳤다 하더라도 올바른 삶의 목적이 없다면 그 판단의 기준이 된 가치관의 형성은 결국 목적을 알 수 없는 불분명한 것일 뿐이니 당연히 자신의 판단 또한 정체성을 알 수 없는 불분명함에 불과하다.

삶의 올바른 목적이 정립되지 않은 사람은 처음의 문단에서 언급한 돈과 지위와 권력을 좇으며 상황에 따라 흘러가는 대로 살아갈 가능성이 높을 것이다. 대부분의 사람이 그것들을 원하고 동경하기 때문이다.

어떤 사람이 올바른 삶의 목적 없이 돈을 좇으며 열심히 살아가고 있다면 당연히 그 사람의 가치관 또한 돈을 버는 데 도움이 되는 방향으로 형성되어 있을 것이다. 경제적으로 성공한 어느 사업가의 강연을 비롯한 돈을 버는 데 도움이 되는 견해라면 무엇이든 가까이 할 것이다. 삶의 목적이 제대로 정립되어 있지 않으니 사회의 권위 있는 사람들의 말과 글을 판단하고 거부할 힘이 부족하며 결국 본인이 추구하는 부와 권위를 가진 자들의 말과 글에 지배되어 그들이 바라보고 이해하는 대로 맹목적으로 세상을 바라보고 판단하게 될 가능성이 높다.

많이 배웠다고 하는 지식인들 또한 여기에 예외일 순 없다. 자신만의 올바른 삶의 목적이 정립되어 있지 않은 한 그 누구든 권위 있는 누군가의 주장이나 유행에 휩쓸리지 않으리란 보장은 없다. 본인만의 삶의 목적에서 비롯되는 뚜렷한 판단 기준이 부족하기 때문이다.

올바른 삶의 목적에서 자신만의 주체적인 판단 기준이 나온다. 올바른 삶의 목적을 정립하여 본인만의 정체성 분명한 가치관을 가져야 한다. 그 가치관을 바탕으로 세상을 바라보고 판단할 수 있는 본인만의 시각을 가져야 한다.

어떤 위대한 사상가나 권위 있는 사람의 말일지라도 나의 목적을 이루는 데 도움이 되지 못하다면, 단호하게 거부하고 그것에 얽매이지 않을 수 있는 자유를 누려야 한다. 더 나아가 나의 목적의 추구를 통해 세상에 이로움을 주어 훌륭함을 성취해야 한다. 당신은 지금 얼마나 주체적으로 살고 있는가.

지식의 해탈

　이런 가정을 해보고 싶습니다. 오른손엔 실제 지구가 있고 왼손에는 과학을 비롯한 다양한 학문적 수단을 통해 얻어낸 이론과 법칙들로 만들어진 지구본이 있습니다. 오른손의 실제 지구와 왼손의 지구본은 과연 동일한 것일까요?

　아무리 왼손의 지구본이 실제 지구를 닮아간다 하여도 지구본으로부터는 잔잔한 바람과 지저귀는 새소리를 경험할 수 없는 것이 분명합니다. 지구본은 어디까지나 지구를 설명하기 위해 만들어진 '모형' 일뿐이니까요.

　우리가 학문적 수단을 통해 얻어낸 모든 법칙과 이론은 실제 '지구' 를 설명하기 위해 만들어진 '지구본' 일뿐이며, 우리가 신봉하는 '실증' 은 단지 지구본으로서 가치가 있음을 검증받았다는 권위의 표시가 될 수 있을 것입니다. 일종의 KS마크랄까요.

　우리는 지금껏 '지식' 이란 이름으로 둔갑한 수많은 타인의 견해와 이론으로 형성된 '지구본' 에 갇혀 지내왔던 것은 아닐까요. 본질은 타인의 '견해'와 '가설'에 불과한 '지구본'을 실제 '지구'라 착각하면서 말입니다.

물론 지구본은 소중합니다. 지구본이 있기에 우리는 지구를 파악하는 데 많은 이로움을 얻기 때문입니다. 하지만 '지구본'을 실제 '지구'로 착각해서는 곤란할 것입니다.

우리가 배우는 대부분의 '지식' 또한 단지 세상을 설명하기 위해 타인에 의해 만들어진 하나의 '지구본'에 불과합니다. 지금은 타인이 만들어낸 지구본을 통해 지구를 이해하지만 언젠가는 지구를 파악하는 나만의 지구본을 가지기 위한 준비를 해야 하지 않을까요. 언제까지나 타인의 시선에만 내 눈을 의지할 순 없으니 말입니다.

지구본을 지구로 여기지 않고 지구본임을 바로 아는 것이 곧 '지식의 해탈'을 의미한다고 생각합니다.

당신은 세상을 어떻게 바라보시나요

정치에 마음이 집중되어 있는 사람은 권력을 기준으로 이 세상을 바라본다.

예술에 마음이 집중되어 있는 사람은 아름다움을 기준으로 이 세상을 바라본다.

경제에 마음이 집중되어 있는 사람은 가치를 기준으로 이 세상을 바라본다.

종교에 마음이 집중되어 있는 사람은 교리를 기준으로 이 세상을 바라본다.

한 세상을 두고 본인이 '무엇을 지향하느냐'에 따라 이 세상은 서로 다른 모습으로 다가온다.

'너'와 '나'가 지향하는 바가 다르다면 '너'와 '나'의 세상도 서로 다르다.

'지식의 해탈' 그 이후에 대하여

'지식의 해탈'은 모든 지식의 본질이 '가설'이며 '지구본'임을 밝힌 바 있습니다. '지식의 해탈'은 절대적인 진리의 존재를 부인하는 일종의 지적 상대주의로도 받아들여질 수 있을 것 같습니다.

하지만 저는 '지식의 해탈'을 통해 그동안 외부의 권위와 학습 때문에 자의반 타의반으로 수용해왔던 모든 지식을 해체함으로써, 모든 사람이 위대한 '지식수용자'로서 당당히 본인의 가치관에 부합하는 지식만을 선별 수용할 수 있는 '주체성'을 누리게 되기를 기대했습니다.

더 나아가 더는 권위 있는 타인이 제시한 관점에 종속되지 않고 본인만의 주체적인 관점으로써 세상을 인식하는 것이 가능해지는 '개인 주체성'의 시대가 열리기를 바란다고도 볼 수 있습니다.

하지만 모든 지식의 본질이 '가설'이라 하여 지식을 거부하고 본인만의 세계로만 침잠하는 극단적인 행태는 결코 일어

나서는 안 될 것입니다. 지식은 타인의 관점에의 종속을 낳는 부작용도 있지만 이를 상쇄하고도 남는 더 많은 이로움들 가령 인식의 지평을 넓히고 삶의 지혜를 얻으며 내면의 성숙을 도모하는 등의 더 많은 기회를 지식을 통해 누릴 수 있기 때문입니다.

저는 어디까지나 '지식의 해탈'을 통한 인간의 정신적인 자유와 주체성에 작으나마 기여할 수 있게 되기를 바랄 뿐 타인의 관점을 거부하는 독단적이고 편협한 태도는 자신의 발전에 결코 바람직하지 않은 안타까운 현상임이 분명합니다.

이번 글에서는 '지식'의 절대성을 인정하지 않음에서 비롯된 '지식'을 수용할 때의 고려해볼 수 있는 임의의 기준들을 조심스레 논의해볼까 합니다.

제가 제시해 보고 싶은 첫 번째 기준은 '실제성'입니다. '실제성'이란 어떤 지식이 설명하고자 하는 사물과 현상들을 우리의 경험에 비추어 볼 때 얼마나 일관성 있게 합리적으로 잘 설명하고 있는지를 반영하는 척도입니다. 실제성이 높을수록 그 지식에 대한 신뢰도는 함께 비례하여 높아진다고 볼 수 있을 것입니다.(여기에는 지식의 실제성을 반영하여 나타내주는 '실제성 지수'를 고안해 보는 것도 좋은 방안이 될 것 같습니다)

모든 지식의 본질은 '가설'이기는 하지만 '실제성'에 따라 적극 참고하여 수용할만한 것이 있는가 하면 '실제성'이 현저히 떨어짐으로써 참고하기에는 다소 부족함이 있는 경우도 분명히 존재하기 때문입니다. 따라서 '실제성'이 높은 지식은 그것의 본질이 가설임을 고려한다 하더라도 우리는 적극적으로 그 지식을 참고하여 수용하는 것에 별 무리가 없으리라 봅니다.

단 '실제성'의 기준은 오직 형이하학적 지식에만 유효한 접근으로써 경험적으로 검증하기 어려운 형이상학적 지식에는 별도의 다른 기준이 필요할 것 같습니다. 이 부분은 세 번째 기준에서 다루도록 하겠습니다.

두 번째 기준은 '지식'의 지향하는 바가 무엇인지를 고려해 보는 것입니다. 그 지식이 가치 중립적으로 현상과 이치를 설명하고자 함인지 무언가 다른 목적한 바를 이루기 위한 '달을 가리키는 손가락'으로써의 지식인지를 구별하고 전자는 '실제성'을 고려하여 지식의 수용 여부를 판단하면 될 것이며, 후자는 그 지식이 지향하는 바가 어떤 집단을 대변하는 것인지 혹은 어떤 대상을 염두에 두고 어떤 결과를 기대하고자 하는지를 추리해 보는 것이 필요할 것 같습니다.

물론 어디까지나 추리인지라 추리로서의 한계를 인정해야 할 것이며 가장 좋은 것은 지식을 창출한 자가 본인이 창출한 지식의 목적을 지식을 공개할 시에 함께 밝히는 것을 관례화하는 것도 좋을듯합니다. 이 부분에도 어느 정도의 추리가 필요한 것인지도 모르겠습니다.

만약 어떤 '지식'이 명백하게도 다수의 이로움에 기여할 수 있는 것이라면 지식의 절대성이 인정되지 않는 상황에서는 그러한 많은 사람의 공감과 이해를 얻을 수 있는 유익한 지식은 사회에 반영되지 않을 이유가 없을 것입니다. 동시에 그럴 듯한 논리로써 소수의 기득권만을 옹호해왔던 이론들은 점점 설 자리를 잃게 될지도 모르지요.

마지막 세 번째 기준은 형이상학적 지식에 대한 기준입니다. 형이상학적 지식의 영역은 아시다시피 육안으로 파악하는 것과 경험적으로 검증하기가 매우 어렵습니다. 하지만 형이상학적 지식은 사물과 현상 이면의 본질적 이치와 근원적인 의문에 대한 타당한 접근을 가능케 함으로써 결과적으로 우리의 삶의 올바른 방향성을 정하는 데 크게 기여합니다.

올바른 형이상학적 지식의 역할이 제대로 뒷받침되지 않는 사회는 오늘날과 같이 맹목적인 물질적 풍요에의 추구 그 이상을 넘기가 어려운 목적 없는 항해와 같은 상황을 피하기가 어려울 것입니다. 앞으로 펼쳐질 인류 문명의 흐름은 지난 산업혁명 이후 보여 왔던 물질 중심적 흐름을 넘어 자천학(自天學)과 같은 올바른 형이상학적 지식의 기여로 정신적인 성숙과 조화로움의 길을 보이게 되지 않을까 조심스레 추측해봅니다.

형이상학적 지식에의 접근 기준은 다음과 같은 의문들을 제기해본다면 본인에게 유익한 지식을 판단하는 데 도움을 얻을 수 있으리라 믿습니다. 우선 그 지식의 제시하는 '관법' 과 '이치' 가 우리가 나아가야 할 올바른 방향을 제시할 수 있는가? 그리고 우리의 일상에 얼마나 긍정적으로 이바지할 수 있는가? 그것이 지향하는 진정한 목적은 무엇인가? 우리의 삶의 질과 내면의 성숙에 얼마나 기여할 수 있는가? 삶의 능동적인 의지에 도움을 주는가? 아니면 오히려 무기력한 태도를 유발하며 삶을 허무하게 만드는? 인간의 정신적인 홀로서기와 내면의 성장에 도움을 주는가? 아니면 의도적으로 정신적인 의존만을 야기하는가? 등의 다양한 의문을 제기해볼 수 있을 것 같습니다. 형이상학적 지식은 삶에 대한 태도와 방향성의 확립에 미치는 영향이 결코 작지 않은 만큼 부디 현명한 판단 하에 신중한 접근이 필요할 것 같습니다.

제가 제시한 위의 세 가지 기준들은 하나의 임의적인 예에 불과합니다. 앞으로 '지식의 해탈' 이 초래할지도 모르는 '지식의 절대성' 의 부재 앞에서 많은 분이 정신적으로 방황하지 않고 오히려 새로운 국면에 맞는 위에 제시된 기준들보다 더 나은 현명한 방안들을 강구해 나가며 한층 더 자유로워진 자신의 모습을 발견하게 되길 기대해봅니다.

흥미로운 시선들

저는 이렇게도 바라본답니다.

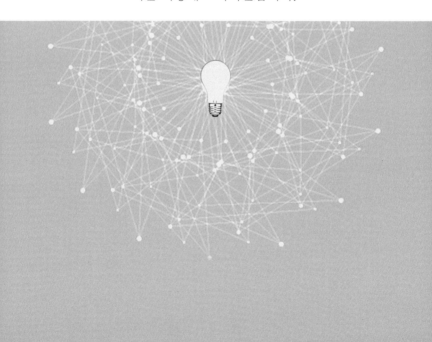

암묵적 믿음체계

암묵적 믿음체계 1

사람이 있는 곳에는 보이지 않는 '이것'이 있습니다. 이것은 '암묵적 믿음체계'라 불릴 수 있다고 생각합니다. 사람은 비슷한 성향의 집단이 있는 장소에 가면 그 집단이 형성한 '암묵적 믿음체계'의 영향을 받게 됩니다.

일례로 평소에 지하철에서 시끄럽게 구는 한국 사람이 있다고 합시다. 그 사람이 일본의 지하철을 타게 된다면 그 사람의 태도는 미묘하게 변화될 가능성이 높습니다.

아시다시피 일본의 지하철은 매우 정숙하기로 유명합니다. 일본의 지하철에는 타인에게 민폐를 끼치지 않는다는 '에티켓'에 대한 강한 '암묵적 믿음체계'가 형성되어 있다고 생각합니다. 이것은 눈에 보이지 않지만, 우리의 내면에는 분명한 영향을 줍니다.

한국의 지하철에서는 상대적으로 이러한 '암묵적 믿음체

계'가 일본보다는 약하기에 전화를 하고 수다를 떠는 것에 있어 내면에서의 큰 걸림이 없지만, 일본의 지하철에서는 아무리 시끄러운 사람이라도 '암묵적 믿음체계'에 영향을 받아 대화를 자제하게 되고 행동거지를 조심하게 될 가능성이 높습니다. 정숙을 유지하기 위해 지하철에 경찰인력을 따로 배치한 것도 아닌데 말이지요.

또 다른 예를 들면 한국 사람이 외국에 나가게 되면 일종의 '해방감'을 느끼게 된다고 말하는 경우가 많습니다. 한국에서는 보수적인 사람도 외국에 나가면 대체로 개방적이고 진보적인 태도로 변화되는 경우가 많다고 합니다. 이러한 '내면의 해방감'은 한국과 외국의 '암묵적 믿음체계'의 차이에서 비롯된다고 생각합니다.

한국의 '암묵적 믿음체계'는 대체로 유교 및 산업화 시대의 산물로 간주해볼 수 있습니다. 따라서 한국의 '암묵적 믿음체계'는 외국에 비해 다소 보수적이고 물질적 성공을 중시하는 경향이 있습니다. 한국에 머무는 사람들은 이러한 '암묵적 믿음체계'에 의해 형식에 치우친 많은 예절과 물질적 성공에 대한 강박으로부터 자유롭기가 어려울 것입니다.

반면 외국의 '암묵적 믿음체계'는 이 부분에서는 상대적으로 자유롭다고 볼 수 있습니다. 따라서 한국 사람들은 외국에 나가게 되면 외국의 자유로운 '암묵적 믿음체계'를 만끽하며 내면에서의 해방감을 누리게 되는 것이라 봅니다.

우리가 어떤 공간에 머무를 때 거리낌 없이 행동하고 말할 수 있는 범위는 그 공간에 있는 집단이 형성한 '암묵적 믿음체계'에 의해 결정이 된다고 생각합니다. 따라서 '암묵적 믿음체계'에 거스르는 행위나 태도를 보이기 위해서는 큰 용기가 필요하겠지요.

종교에 대해 아무리 비판적인 사람이라도 종교단체에 방문하게 되면 그 종교단체가 있는 공간의 '암묵적 믿음체계'에 눌려 평소 가지고 있던 비판적인 견해를 말하는 데 어려움을 겪게 될 가능성이 높을 것입니다.

시골에서의 한가한 삶을 즐기며 사는 사람도 도시로 이사하게 된다면 도시 사람들의 성공을 향한 '암묵적 믿음체계'에 영향을 받을 것입니다. 따라서 예전의 시골에서의 한가한 삶은 잊고 성공을 향해 앞만 보며 내달리는 삶을 살게 될 가능성이 높겠지요.

내가 머무르는 장소의 '암묵적 믿음체계'로부터 자유롭기 위해선 늘 자신을 관찰하는 것이 필요합니다. 항상 나의 태도와 마음이 내가 머무는 장소에 따라 어떠한 변화를 보이는지 관찰할 수 있다면 내가 머무르는 곳의 '암묵적 믿음체계'로부터 자유로울 수 있다고 봅니다.

나를 늘 관찰하는 습관을 통해 내가 머무는 공간에 형성된

'암묵적 믿음체계'를 직시하여 이로부터 자유롭게 된다면 나는 더는 외부에 휩쓸리지 않고 내면의 자유로움을 만끽하는 주체적인 삶을 누릴 수 있게 된다고 생각합니다. (암묵적 믿음체계는 내가 머무는 공간에서 비롯되는 보이지 않는 영향력을 설명하기 위해 이름 붙인 하나의 가설일 뿐입니다. 즉물적으로 접근하시면 오해가 됩니다.)

스펙 쌓기에서 자유롭기 위하여

무엇이 좋은 것이고 무엇이 나쁜 것일까요? 저는 '좋다'와 '나쁘다'를 가르는 절대적인 '기준'은 존재하지 않는다고 생각합니다. 어떤 대상이 '좋고', '나쁘고'는 오직 나와의 관계에서 결정되는 '상대적'이고 '주관적'인 의미겠지요.

다만 어떤 대상을 두고 사회의 대다수의 사람이 '좋다'고 인식한다면 그 대상의 의미는 객관적 의미로써 '좋은 것'으로 인식될 것입니다. 수많은 사람에 의해 '좋다'고 하는 '주관적' 인식들이 모여 그 대상의 의미는 '좋은 것'으로써 '객관화'된 것입니다.

우리가 흔히 좋다고 인식하는 대상의 이면에는 으레 '암묵적 믿음체계'의 영향을 발견할 수 있습니다. '암묵적 믿음체계' 란 같은 공간에 머무르는 대다수 사람이 가지는 공통적인 '인식'과 '믿음'으로 형성된 것으로, 이것은 그 공간을 지배하는 하나의 보이지 않는 인식체계가 됩니다. 이 '암묵적 믿음체계'는 그 공간에 머무는 개개인의 인식과 판단에 강한 영향을 미치게 되는 것이지요.

만약 어떤 공간에 있는 많은 사람이 어떤 '대상'에 대해 긍정적인 인식을 하게 된다면 그 공간에는 '암묵적 믿음체계'가 형성되어 그 공간에 머무르는 개인으로 하여금 그 대상을 '긍정적'으로 인식하게끔 유도하게 됩니다.

일례로 한국 대학생들이 몰두하는 '스펙 쌓기'는 어떨까요. 한국 대학가만의 기현상이라 봐도 과언이 아닐 정도로 한국 대학생들의 '스펙 쌓기' 열풍은 대단합니다. 이 '스펙 열풍'은 처음에는 사회구조적인 측면에서 시작되었을 것입니다. 매년 사회로 쏟아져 나오는 대학생들의 수에 비해 많은 대학생이 바라는 대기업의 일자리는 한정되어 있다 보니 대학생들은 입사경쟁력을 갖추기 위해 '스펙'에 관심을 두기 시작한 것입니다.

처음에는 사회구조적인 원인으로 주목받기 시작한 '스펙 쌓기'가 이제는 한국의 수많은 대학생들의 공통된 '인식'과 '믿음'에 의해 강한 '암묵적 믿음체계'로 자리 잡게 된 것이지요.

정작 본인의 성향은 대기업의 업무와 별로 맞지 않는 사람일지라도 '스펙 쌓기'에 대한 강한 '암묵적 믿음체계'로 인해 한국의 대학생들은 알 수 없는 불안에 내쫓기며 맹목적으로 토익 책을 펴고 스펙이 될 만한 대외활동을 끊임없이 찾아 나섭니다.

이 시대의 수많은 멘토가 스펙이 아닌 자기만의 길을 찾으라고 그렇게 목 놓아 외쳐도 '암묵적 믿음체계'로 인해 결국 많은 대학생은 남들과 크게 다르지 않은 맹목적인 길을 따라가게 되는 것입니다. '암묵적 믿음체계'를 벗어나기 위해선 대단한 의지와 용기가 필요한 것이니까요.

만약 한국의 대학생들이 한국의 '암묵적 믿음체계'와는 전혀 다른 국가에서 한동안 머물게 된다면 본인이 정말로 '스펙'을 쌓아야만 하는 것인지에 대해 냉정하게 반문해볼 기회를 얻게 되지 않을까 생각합니다.

물론 현재 머물고 있는 그 국가에 형성된 그 국가만의 '암묵적 믿음체계'의 영향을 받게 되겠지만, 한국의 '암묵적 믿음체계' 속에서는 불안에 쫓기느라 쉽게 느낄 수 없었던 본인만의 진정한 '목표'를 발견하는 데 도움이 되지 않을까 생각합니다.

우리는 항상 우리에게 보이지 않는 영향을 미치는 '암묵적 믿음체계'를 의식하고 이로 인해 형성된 '허위적인 목표'들을 경계해야만 합니다. 내가 대기업 입사를 원하는 것이 정말 내 가슴이 열망하는 것인지 아니면, 암묵적 믿음체계에 따라 휩쓸리다 보니 형성된 것인지 고민해보는 것도 좋겠지요. 아무리 세상 사람들이 대기업에서의 근무가 좋다고 주장하더라도 나에게 대기업에서의 업무가 맞지 않는다면 그 일은 무거운 굴레가 될 것입니다.

암묵적 믿음체계로부터 벗어나는 길이 맹목성에서 벗어나는 길이며, 내 가슴이 원하는 일을 발견하는 그 시작이 될 것입니다. 위대한 혁신은 언제나 '암묵적 믿음체계'의 울타리에서 벗어난 용기 있는 사람들에 의해 탄생되는 것이겠지요.

암묵적 믿음체계 2

모든 사회에는 시대별로 그 사회를 지배하는 '암묵적 믿음체계'가 있습니다. '암묵적 믿음체계'란 같은 공간에 머무는 대다수의 사람의 공통된 '믿음' 혹은 '인식'으로 형성된 보이지 않는 인식체계를 의미합니다.

한 국가적 범위로 형성된 '암묵적 믿음체계'의 경우 그 국가의 이데올로기와 문화가 국민의 공통된 믿음과 인식에 영향을 줌에 따라 형성되어 그 국가에 머무는 개개인의 사고방식에 큰 영향을 미칩니다.

일례로 과거 조선 시대에는 여성을 억압하는 '칠거지악(七去之惡)'과 같은 유교적 '암묵적 믿음체계'가 있었습니다. 당시 조선에 머무는 대부분의 사람은 유교적 '암묵적 믿음체계'로 인해 '칠거지악'을 당연한 것으로 여겼습니다. 따라서 '칠거지악'에 해당하는 여성들에 대한 억압은 이루 말할 수 없었겠지요.

현재는 '칠거지악'을 입에 올리는 사람은 없을 것입니다. 시대가 바뀜에 따라 한국을 지배하는 '암묵적 믿음체계' 또한 변했기 때문입니다. 지금은 오히려 남녀평등에 대한 '암묵적 믿음체계'로 인해 '칠거지악'을 입에 올리는 것은 금기가 될 것입니다.

만약 당시 조선 시대에 '칠거지악'으로 인해 집에서 내쫓긴 가련한 여성이 있었다면, 이 여성은 자신을 죄인으로 자책하며 불행한 삶을 이어나가야 했을지도 모릅니다.

하지만 이 여성이 조선 시대를 지배하던 억압적인 '암묵적 믿음체계'를 인식하여 그것에 의문을 품을 수 있었다면 어떠했을까요. 겉으로는 '암묵적 믿음체계'에 순응하며 조용히 살아가는 듯 보이지만, 내면에서는 그것에 얽매이지 않고 자신에게 떳떳함을 가질 수 있지 않았을까 생각합니다. 최소한 본인을 죄인으로 자책하는 안타까운 일은 발생하지 않겠지요. 오히려 남들 눈에 보이지 않는 곳에서 다른 남자와 새 출발할 용기를 가지는 것이 가능해질지도 모릅니다.

사실 '암묵적 믿음체계'는 내가 머무는 '공간'을 벗어나 보지 않는 이상 이것을 의식하기란 쉬운 일이 아닙니다. 대부분의 사람들이 한 평생을 살면서 국내를 벗어나는 일이 드물었던 조선 시대 당시의 상황을 고려해본다면 위와 같은 예는 다소 비현실적인 가정인지도 모르지요. 한 국가 전체에 형성된 '암묵적 믿음체계'는 오직 그 국가를 벗어나 보아야 비로소 객관적으로 인식될 수 있다고 생각합니다.

우리는 외국에 머무를 때와 한국에 머무를 때 사고방식과 태도가 미묘하게 달라집니다. 굳이 외국에 나가지 않아도 '사찰'에 머물 때와 '도시'에 머물 때조차도 우리의 사고방식과 태도는 미묘하게 변화됨을 경험할 수 있습니다. '외국'과 '국내', '사찰'과 '도시'에 형성된 '암묵적 믿음체계'는 서로 다르니까요. '암묵적 믿음체계'는 나에게 공간적으로 가장 가까운 곳에 형성된 것일수록 강한 영향을 주게 됩니다.

우리는 항상 우리가 머무는 공간에 형성된 '암묵적 믿음체계'를 의식하고 그것에 대해 의문을 품어야 할 당위가 있다고 생각합니다. 만약 그것이 우리에게 미치는 영향이 '이로움'보다 '부자유'가 더 크다면 우리는 굳이 그것에 얽매일 필요는 없겠지요.

현재 한국의 '암묵적 믿음체계'는 어떠할까요. 한국이란 국가 전체에 형성된 것부터 여러 작은 공간에 형성된 것까지 '암묵적 믿음체계'는 우리의 사고방식에 어떤 영향을 미치고 있을까요.

내가 머무는 회사에서는 부하직원에 대한 비인격적인 대우를 '암묵적 믿음체계'로써 당연시하고 있지는 않은가요. 내가 머무는 학교에서는 학생들이 학원에서 밤늦게까지 공부하고 수업시간에 잠을 자는 것에 대해 '암묵적 믿음체계'로써 당연시하고 있지는 않은가요. 내가 머무는 도시에서는 자신의 화려한 배경과 부를 과시하는 것을 '암묵적 믿음체계'로써 당연시하고 있지는 않은가요.

평소 자신을 늘 관찰하는 사람이라면 이러한 '암묵적 믿음체계'를 쉽게 인식할 수 있습니다. 어떤 장소에 머무느냐에 따라 나의 태도와 사고방식이 미묘하게 변화된다는 것을 알아차리게 되니까요.

내가 머물고 있는 학교, 회사, 도시마다 형성된 '암묵적 믿음체계'에 대해 탐구해보는 것은 어떻습니까? 휩쓸리지 않고 좀 더 주체적으로 자유롭기 위해서 말입니다.

한국인의 불안에 대하여

나는 한국의 '암묵적 믿음체계'에 변화를 주고 싶다. 청소년들이 좋은 대학에 진학하는 것만을 최우선으로 여기며 아등바등하지 않도록, 사회적으로 대우가 좋다고 여겨지는 맹목적인 진로가 아닌 본인만의 뜻을 좇으며 주체적인 삶을 살아갈 수 있도록, 경쟁에서 잠시 뒤처졌다 하여 자살충동을 느끼지 않도록, 대학생들이 단 한 번뿐인 대학생활을 스펙 쌓기에 열 올리며 허비하지 않도록, 남들보다 지위가 낮고 연봉이 낮아도 자신을 부끄럽게 여기지 않도록, 시간제 아르바이트를 통해 생계를 유지하면서도 마음의 평온함을 유지할 수 있도록, 일상의 대부분이 회사를 위해 쓰이는 본인의 삶에 대해 직장인들이 의문을 가져볼 수 있도록, 한국에 형성된 거대한 성공제일주의적 '암묵적 믿음체계'에 변화를 주고 싶다.

한국 사람들이 당연하게 생각하는 이 모든 것들이 단지 한국 사람들의 삶에 대한 공통된 '인식'과 '믿음'에서 비롯되는 '암묵적 믿음체계' 때문이란 사실을 모두가 알아주었으면 한다.

만약 한국 사람들의 공통된 인식이 변화되어 성공제일주의적 '암묵적 믿음체계'가 좀 더 누그러진다면 우리는 지금처럼 성공에 대한 강박 때문에 괴로워하고 불안해할 이유가 없을 것이다. 우리의 인식과 사고방식은 우리가 머물고 있는 공간에 형성된 '암묵적 믿음체계'의 영향 아래 놓이기 때문이다.

만약 삶에 대해 여유롭고 느긋한 '암묵적 믿음체계'가 형성된 국가에서 한국 사람들을 바라보게 된다면 우리의 모습은 어쩌면 처절하게도 보일 것이다.

예전에 한 방송에서 한국의 일류 대학을 나온 후 외국에서 슈퍼마켓 계산원을 하는 한 여자의 이야기를 본 적이 있다. 그 여자는 본인의 일에 매우 만족하고 있었으며, 한국에서의 삶과 비교했을 때 상대적으로 더 많은 평온함과 여유로움을 누린다고 말한 것이 참 인상 깊었다.

비록 계산원을 하면서 받는 수입은 적다고 하더라도 그 사람의 삶의 태도는 한국에서와는 다르게 본인의 수입의 액수에 전혀 영향을 받지 않는 것이었다.

만약 한국에서였더라면 그러한 작은 수입으로는 현재와 같은 여유 있는 삶의 태도를 보이기가 쉽지 않을 것이다. 한국에 형성된 거대한 성공제일주의적 '암묵적 믿음체계'가 물질적 성공과 거리가 멀어 보이는 삶의 주체에게는 여유로운 삶의 태도를 허용하지 않을 것이니 말이다.

게다가 한국에서는 이미 성공을 거둔 사람이라 할지라도 성공을 거두기 전과 크게 다를 바 없는 불안에 늘 시달릴 수밖에 없다. 미래는 불확실한 것이기에 본인이 거둔 성공이 언제까지 계속될지 알 수 없기 때문이다.

한국의 성공제일주의적 '암묵적 믿음체계'가 변화되지 않는 한 대부분의 사람은 성공을 거두기 전에는 일상의 대부분을 성공을 위해 투자하고 성공을 거둔 후에는 그 성공을 지켜내기 위해 아등바등할 것이 분명하다.

우리는 이제 삶에 대해 좀 더 너그럽고 여유 있는 태도를 보여야 할 필요가 있다. 더는 헐벗고 힘들었던 과거 산업화 시대에 형성된 관념을 지속해서 가져갈 필요가 없다.

많은 사람이 이러한 성공제일주의적 '암묵적 믿음체계'에 피로감을 느끼고 있으며 우리는 단순히 물질적 성공만을 좇는 것이 아닌 자아의 진정한 성장과 삶에 대한 여유롭고 현명한 태도를 모색할 필요가 있다.

우리의 삶에 대한 인식이 하나둘 변해가게 된다면 한국에 형성된 '암묵적 믿음체계'도 서서히 변화될 것이며, 그 결과 우리는 성공제일주의적 '암묵적 믿음체계'로 인한 불안과 강박으로부터 자유로울 수 있을 것이다. 현재 우리의 불안은 대부분 우리의 삶에 대한 공통된 인식에서 비롯되는 것이다.

내면의 나무 지지대

내면의 나무 지지대에 대하여

어린 나무를 옮겨 심게 되면 뿌리를 내리기까지 나무 지지대의 지탱이 필요하다. 뿌리내리지 못한 어린 나무는 외부 환경에 의해 쉽게 쓰러질 가능성이 높기 때문이다. 대부분 사람의 내면에도 이러한 나무 지지대가 있다. 삶의 고난과 역경 속에서 쓰러지지 않고 능히 버텨내기 위해 스스로 세운 '심리적 지지대'가 내면에 존재하는 것이다.

심리적 지지대는 사람마다 다양하다. 특정 이데올로기와 종교에 대한 믿음이나 거룩한 존재에 대한 의존일 수도 있고 누군가의 가르침이나 본인의 체험에서 비롯된 신념과 같은 다양한 것들이 있을 것이다.

이러한 지지대는 어떠한 상황에서도 내가 버티고 이겨낼 힘을 제공해주기도 하지만, 이것이 내면의 성장을 이룬 후에는 오히려 깨트려야 할 '틀'이 될 수도 있다.

나무의 경우를 보자. 어린 나무가 시간이 지나 뿌리를 내리고 성장을 이루게 된다면 나무 지지대는 이제 나무에 의미가 없다. 뿌리를 내려 홀로서기가 가능해진 나무에는 어릴 적 설치한 나무 지지대는 돌파하고 깨뜨려야 할 하나의 '틀'이 된 것이다. 하지만 나무에 나무 지지대를 설치하고도 제대로 성장을 이루지 못했다면 나무에는 여전히 자신을 지탱해주는 지지대가 절실히 필요할 것이다.

우리는 어떠한가. 우리 내면에 우리를 지탱해주는 심리적 지지대의 연한은 얼마나 되었는지 기억할 수 있는가? 사람마다 현재 자신의 심리적 지지대를 온전히 정립한 시기는 다를 것이다. 하지만 중요한 것은 그 기간이 길면 길수록 그 사람의 내면은 심리적 지지대를 세운 그 순간으로부터 많은 성장을 이뤄내지 못했다는 증거일 수도 있다.

만약 어떤 사람이 본인이 예전에 세운 심리적 지지대에 더는 필요성을 느끼지 못하고 그것에 의존하지 않게 된다면, 그 사람의 삶의 지향점이 변화된 것이 아닌 이상 그 사람은 심리적 지지대가 필요하지 않은 만큼의 내적 성장을 이뤘다고 볼 수 있을 것이다.

내면의 성장을 이룬 사람은 더는 예전의 심리적 지지대가 필요하지 않게 된다. 그것은 오히려 부수고 깨트려야 할 하나의 '틀'이 된 것이다. 새로이 더 높은 수준의 심리적 지지대를 세우든지 아니면, 이제는 심리적 지지대 없는 홀로서기가 가능하게 된 것인지도 모른다.

여기서 잠시 짚고 넘어가야 할 부분은 지속적인 내적 성장을 가로막는 '내면의 나무 지지대'와 본인의 지속적인 내적 성숙을 위해 지켜야 할 '신념'이나 '뜻'과 같은 부분은 엄연히 구분되어야 할 필요가 있다는 것이다.

'내면의 나무 지지대'에 해당하는 실체들은 내개 정신적인 의존만을 일으키고 지속적인 내적인 성장을 가로막는 측면이 있다. 하지만 이것들을 엄밀히 구분하는 것은 상당히 어려운 일이라 늘 본인의 내면을 관찰함으로써 무엇이 내가 극복해야 할 '내면의 나무 지지대'이며 무엇이 본인의 내적인 성장을 위해 지속해서 지켜나가야 할 덕목인지를 냉정하게 구분하는 것이 필요하다고 생각한다.

다시 본론으로 돌아가서, 뿌리를 내리지 않은 어린 나무에게 나무 지지대가 필요하듯 아직 정신적 의존의 대상이 필요한 사람에게는 '내면의 나무 지지대'는 역경과 고난을 이겨내며 삶의 중심을 잡을 수 있는 좋은 힘이 되어줄 것이다.

따라서 누군가가 정신적 의존 없이는 자신만의 길을 가기가 힘든 상황에서 그 사람의 심리적 지지대를 함부로 걷어차 버리는 행위는 자칫 위험할 수도 있다고 본다. 심리적 지지대를 걷어차기 위해선 먼저 그 사람이 더는 정신적 의존 없이 자신의 길을 갈 수 있는 여건을 만들어주거나, 정신적 의존에서 벗어나기 위한 내면의 성장을 이루는 법을 알려준 후에 신중하게 접근할 필요가 있다.

잠시 옆길로 새어보자면 철학을 공부할 때도 철학을 공부하는 목적이 뚜렷해야 한다고 생각한다. 내면의 더 큰 성장과 통찰력을 기르기 위한 목적이 아닌 단순한 지적 허영이나 호기심에 의해 모든 사회현상을 일일이 분석하고 해체하는 것은 자칫 염세주의나 허무주의로 빠지게 하여 사람의 성장 가능성을 꺾어버리는 결과를 낳을 수도 있다고 본다.

따지고 분석하고 해체하기 전에 먼저 무엇을 위한 따짐이고 해체인지를 스스로 명확히 하는 것이 본인에게 이롭다고 생각한다. 사회를 구성하는 덕목들이 아직 해체되어있지 않는 데에는 다 그럴만한 존재 이유가 있기 때문이다. 해체와 재구성의 목적이 뚜렷해야 그 후의 정신적 방황을 피할 수 있다고 본다. 본인의 진정한 성장과 발전에 도움이 되지 않는 지적 추구는 공허하다.

다시 본론으로 돌아가서, 타인이 정신적 의존이 필요하지 않을 만큼 충분한 내면의 성장을 이루기 전까지는 아무리 부자유스러워 보인다 하더라도 함부로 그 사람의 심리적 지지대를 걷어차서는 곤란하다는 것이다.

하지만 언젠가는 내가 강하게 기대고 있는 그 대상으로부터 더는 정신적 의존을 허용하지 않고 자신의 길을 묵묵히 갈 수 있는 순간을 맞이할 수 있도록 노력해야 한다고 생각한다.

육체의 성장은 유한하다. 하지만 내면의 성장은 무한하다. 누구나 자신의 내면을 성장시킬 방법을 깨닫고 본인 내면의 성장을 통해 더는 외부에 대한 정신적인 의존 없이 홀로 자신의 길을 갈 수 있는 날이 오기를 기대한다.

많은 사람이 본인의 심리적 지지대가 단지 지지대일 뿐이며 삶과 내적 성장을 이루는 과정에서의 임시방편이란 것을 깨닫게 된다면 본인의 심리적 지지대를 수호하고 이를 타인에게 강요하는 과정에서 발생하는 수많은 분쟁과 안타까운 상황들을 미연에 방지할 수 있게 되지 않을까 생각한다.

정신적인 홀로서기를 위하여

사람은 끊임없이 무엇인가에 기대려는 경향이 있는 것 같습니다. 어릴 적에는 어쩔 수 없이 부모에게 기대고 학교에서는 친구들에게 기댑니다. 자라나면 회사와 같은 '단체'에 기대고 '종교'나 '이데올로기'에 기대며 끊임없이 어딘가에 정신적으로 소속되길 원합니다.

사람에게 있어 정신적 의존없이 홀로 자신의 길을 간다는 것은 '공포' 와 다름없는 일인지도 모릅니다. 누구나 본인의 의존성을 해결하지 못하면 끊임없이 정신적으로 기댈 수 있는 대상을 찾아 나설 것입니다. 어딘가에 기대고자 한다는 것은 기대려는 대상으로부터의 보이지 않는 '종속' 을 허용하는 것이라 생각합니다. '의존' 은 마음의 '안정' 과 함께 '부자유함' 을 유발하니까요.

조직이나 단체에 기대는 사람은 소속감을 누리는 대신 그 조직과 단체의 영향에서 벗어날 수 없을 것입니다. 종교에 기대는 사람은 정신적으로 종교적 교리와 그 종교가 제시한 '지구본' 에서 벗어나 자신의 길을 가는 것이 어려울 것입니다. 이념이나 사상에 기대는 사람은 그 이념과 사상의 틀에 갇혀 세상을 바라보는 본인만의 자유로운 판단과 시각을 잃어버릴 위험이 있을 것입니다.

만약 그 어떤 대상에도 의존하지 않고 정신적으로 홀로 자신의 길을 갈 수 있게 된다면 더는 의존에서 비롯되는 마음의 안정과 부자유함을 허용하지 않을 것입니다. 자신의 길을 간다는 것은 나의 존재가 오히려 남에게 '정신적 의지처' 가 되어주며 스스로 내적 충만함에 뿌듯함을 느끼는 주체적인 삶이 되지 않을까요.

늘 어딘가에 소속되고 싶고 기대고 싶어 하는 욕망을 달래고 본인만의 확고한 삶의 '뜻'을 가지며 살아간다면 모든 단체, 사상, 종교로부터 정신적인 자유를 쟁취한 인류의 주체적인 모습을 기대할 수 있지 않을까 생각합니다. 본인만의 뚜렷한 삶의 목적이 주체적인 삶을 살아가는 데 있어 필요한 정신적 의존을 벗어나는 데 큰 힘이 되어줄 것이라 믿습니다.

종교에 대한 단상

삶은 언제나 의지와 현실의 부닥침으로 늘 고되고 힘든 것 같다. 인간은 늘 더 나은 자신의 모습을 꿈꾸며 성장에의 의지를 품고 살지만, 과거에는 주로 물질적 궁핍과 미숙한 정치적 체제에서 파생된 여러 문제 앞에 부딪히며 많은 사람이 고통받았고 현대에는 주로 물질적 풍요를 창출하고 누리는 문제와 관련하여 좌절을 겪는다.

이러한 인간의 성장에의 의지와 현실의 부닥침으로 삶의 힘겨움을 겪는 많은 사람을 위해 종교는 지금껏 인간의 '내면의 나무 지지대' 역할을 충실히 수행해왔다.

사람들은 사후에 대한 두려움을 극복하고 구원을 얻기 위해 종교를 믿기도 하고 혹은 복을 빌거나 삶의 고난을 이겨낼 정신적인 의지처로써 종교를 믿기도 하는 것 같다.

종교는 위와 같은 사람들의 기대에 대해 정신적 위안을 제공하거나 '내면의 나무 지지대'로써 어떠한 시련에도 굴하지 않을 든든한 정신적 버팀목이 되어줄 수 있을 것이다. 하지만 동시에 종교는 정신적 의존을 야기함으로써 내면의 성장을 이루고 나만의 주체적인 길을 가는 것을 방해하는 측면도 분명히 존재한다고 본다.

'나무 지지대'는 말 그대로 나무가 뿌리를 내려 홀로서기를 이루기 전까지만 필요한 것으로 뿌리를 내리고 홀로서기를 위해 애쓰는 나무에 있어서 '나무 지지대'는 언젠가 극복해야만 하는 '틀'이 되는 것이다.

마찬가지로 종교는 내면의 성장과 자신만의 길을 가기 위해 언젠가는 극복해야 할 대상이 된다고 볼 수 있다. 맹목적인 의존은 내면의 성장을 가로막고 그에 상응하는 정신적인 부자유를 낳기 마련이다. 평소 공경하는 태도를 견지하는 것은 바람직하되 맹목적인 의존에서 벗어나 자신의 길을 갈 수 있어야 한다. 종교가 제시하는 '지구본'에서 벗어나 자기만의 '지구본'을 가지고 자기만의 길을 가야만 한다.

우리는 본인만의 뚜렷한 삶의 목적인 '뜻'을 통해 그 어떤 외부에 대한 맹목적인 의존 없이도 자신만의 길을 당당히 걸을 수 있다. '뜻'을 통해 홀로 자신의 길을 갈 수 있는 사람은 더는 정신적인 의존을 추구하기 보다는 오히려 다른 존재에게 정신적인 의지처가 되기 위해 노력할 수 있을 것이다.

정신적 의존을 바라던 사람에서 정신적 의지처가 되어줄 수 있는 사람으로 우뚝 서는 길이 바로 본인만의 뚜렷한 삶의 목적인 '뜻' 을 정립하는 데에 달려있다고 믿는다.

의지와 의존

의지는 일시적이고 의존은 영구적이다. 의지는 중심이 나에게 머물러 있지만, 의존은 외부의 의지처에 매달려 있다. 의지하는 자는 필요한 도움을 얻고 난 후엔 다시 자신의 길을 가게 되지만, 의존하는 자는 의지처 없이는 한 걸음도 내딛지 못하는 한없이 가벼운 존재가 된다.

의지하는 자는 항구에 잠시 정박한 채로 출항을 준비하는 함선이요, 의존하는 자는 항구에 영원히 머무르길 바라는 낡은 돛단배와 같다.

본인만의 확고한 삶의 방향성이 확립된 사람은 살아가는 대로 생각하지 않고 오직 생각하는 대로 살아가는 사람이며, 삶의 중심이 오롯이 잡혀 있음으로써 외부에 대한 정신적 의존을 허용하지 않는다.

　내 삶의 방향성을 확립한다는 것은 곧 스스로 자신의 존재 목적을 규정함으로써 외부에 의해 잠시 흔들릴 수는 있어도 휘둘리지는 않고 중심을 잡으며 자신의 길을 가는 것을 의미한다. 나는 잠시 의지하는 사람일 수는 있지만 의존하는 사람이 되지는 않겠다.

말과 글의 현명한 활용에 대하여

인간은 말과 글로 소통을 한다. 말과 글은 소통의 수단이기도 하지만 내가 바라는 이상을 향한 나의 의지를 단련하는 좋은 도구가 되기도 한다. 이 글에서는 강철과 같은 의지를 갖추기 위한 도구로서의 말과 글을 써보기로 한다.

강철과 같은 의지(이제부터 '강철의지'로 쓴다)가 중요한 이유는 내가 원하는 이상을 현실화하는 데 있어 강철의지의 함양은 매우 중요한 부분이기 때문이다. 누구나 자신만의 이상을 꿈꾸며 현실의 저항을 능히 이겨낼 수 있는 삶을 누려야 마땅하다.

우리의 이상을 논하는 데 있어 너무나 많은 저항이 있다. 외부적으로는 현실적인 문제를 비롯하여 나의 이상과는 어긋나는 주위 사람들의 견해나 혹은 사회의 여러 저명인사의 현실적인 조언들은 나의 이상을 가로막는 저항으로도 작용할 수 있다.

이러한 외적인 저항 외에도 가장 큰 저항은 바로 나의 내면에 있다. 우리 내면에 도사리고 있는 저항을 나는 '의지의 보이지 않는 장벽'이라 명명한다. '의지의 보이지 않는 장벽'은 우선 나에 대한 반신반의가 가장 크다. 이상은 있되 나에 대한 불안과 불신, '내가 이 이상을 이룰 자격이 있을까'에서 비롯한 여러 의구심이 나의 내면의 가장 큰 장벽으로 작용한다. 내가 이상을 향해 무언가를 행동하려 할 때마다 무기력함이 든다거나, 의욕상실과 허무감이 밀려온다면 이것들의 이면에는 '의지의 보이지 않는 장벽'이 있다.

여기에 내게 '의지의 보이지 않는 장벽'이 있는지를 확인할 좋은 방법이 있다. '내가 지금 당장 세상 앞에 나서서 모든 사람에게 당당하게 나의 이상에 대해 주장할 수 있는가'를 자신에게 물어보자. 질문하는 동시에 긍정적인 확고한 대답을 내릴 수 있다면 나의 내면에는 '의지의 보이지 않는 장벽'이 무력하다고 볼 수 있겠다.

하지만 내가 이 부분에 대해 망설이며 '언젠간 할 수 있지 않을까?' 하는 소극적인 답을 내리게 된다면 나는 내면의 '의지의 보이지 않는 장벽'을 무너뜨릴 강철의지를 함양할 필요가 있는 것이다.

내 이상을 이루기 위한 첫 걸음은 바로 나의 내면에 '의지의 보이지 않는 장벽'과 '강철의지'의 힘겨루기에서 강철의지가 그 장벽을 무너뜨릴 수 있도록 하는 데에서 시작된다. 이 첫걸음이 성공적으로 진행된다면 이후로는 나의 강철의지를 얼마나 굳건히 이어가느냐가 관건이 되며 외부적인 장벽들은 단지 하나의 도전으로써 느껴질 뿐이라 생각한다. 이 강철의지를 '의지의 보이지 않는 장벽' 보다 강하게 단련하는 방법으로써 우리는 말과 글을 활용해야 한다.

나의 경험담을 이야기해보자면 나는 한때 주식투자에 실패하고 건강도 악화되어 비참한 상황에 놓였던 적이 있다. 그때 누군가가 언어의 힘에 대해 말하는 것을 듣고 '난 운이 좋다'고 하루에 천 번 이상 반복해서 다짐한 적이 있다.

한 달이 되기 전에 나의 일상은 몰라보게 달라졌고, 나는 그때 비로소 언어를 활용함으로써 나의 의지를 단련하는 것이 가능하고 그 단련된 의지가 내 일상에 고스란히 반영되는 원리가 있음을 체험하게 되었다.

내가 운이 좋다고 외기 전에는 나의 일상은 나의 긍정적이지 못한 의지의 반영으로 나에게 우호적이지 않은 흐름이 있었다면 나는 운이 좋다고 왼 후 나의 의지가 긍정적으로 바뀌자 나의 일상 또한 나에게 우호적인 흐름을 보이게 된 것이다.

이것을 나의 스승인 현일 님의 저서 『하늘공부 3』에 의하면 '토로' 라고도 볼 수 있다. '토로' 는 쉽게 말해 나의 마음상태나 의지가 나의 일상의 흐름에 반영이 되어 나타나는 현상을 의미한다. 따라서 본인이 어떠한 의지를 갖추고 살아가느냐에 따라 서로의 일상과 서로의 삶은 달라진다.

다만 본인만의 뚜렷하고 확고한 의지가 없는 경우에는 외부의 일방적으로 다가오는 상황들에 따라 흘러가는 수동적인 삶이 되기 쉬우며, 이때 '토로'에 대한 믿음을 가지는 것은 쉬운 일이 아닐 것이다. 그만큼 삶에 대한 무력함과 수동적인 태도에 익숙해졌기 때문인지도 모른다.

본인의 이상을 이룸에 성패를 결정짓는 가장 중요한 요인이 바로 긍정적인 '토로'를 유발할 만큼 나의 의지가 얼마나 강한가에 달려있다고 본다. 누구나 말과 글을 '내가 원하는 이상을 이룬다'고 적극적으로 반복하여 활용함으로써 강철의지 함양을 통한 긍정적인 '토로' 현상을 유발해야 한다. 나의 일상의 흐름을 나의 이상을 이룰 수 있는 흐름으로 변화시켜 그 이상을 이뤄야 한다.

하지만 내가 원하는 이상이 정말 내가 원하는 것이 아닌 단순히 바라는 것일 뿐이라면 그것은 이뤄지지 않을 것이다. 이것이 바로 자기계발서적인 『시크릿』의 유행 후에 많은 사람이 이 책에 실망하고 비난하는 이유 중 하나라고 생각한다. 일부의 경우 단순히 바라는 것과 진정으로 간절히 원하는 것의 차이를 구분하지 못하고 결국 자기가 대충 바라는 것을 '시각화' 하다가 그것이 이뤄지지 않자 그것을 비난하게 된 것이다.

『시크릿』의 시각화나 말과 글로 반복하여 강철의지를 단련하는 것이나 원리는 크게 다르지 않다고 본다. 모두 내가 진정으로 염원하는 이상을 향한 나의 강철의지를 함양하는 수단인 것이다.

단순히 바라는 대상의 경우에는 그것을 이루기 위한 강철의지를 단련하는 과정에서 쉽게 지치고 포기하기 쉽다. 그리고 강철의지 자체가 형성되는 것이 불가능하다. 왜냐하면, 애초에 그것은 단순히 바라는 것으로써 간절함 자체가 있을 수가 없기 때문이다.

강철의지의 강함은 간절함의 강도와 비례한다. 이상이란 단순히 바라는 것이 아닌 내가 진정으로 간절히 원함으로써 말과 글로 지치지 않고 끊임없이 강철의지를 함양하는 것이 가능해야 하며 그 결과 긍정적인 '토로'가 일어날 수 있어야 한다. 그래야 비로소 그것이 현실이 된다. 강철의지를 함양하기 전에 우선 진정한 나의 이상이 무엇인지를 찾아야만 할 것이다.

이와 같은 '토로' 외에도 '마하라'의 효과가 있다. '마하라'는 내 현재의 욕망들을 유발하는 일종의 거대의지로, 전생(前生)의 오랜 한이나 바람이 침잠하거나 과거 본인만의 이루고자 하는 간절한 이상을 세운 경우 영향을 받아 나의 저변에 은은하게 흐르는 것이라 볼 수 있다.

이 '마하라'가 현재의 나의 일관된 방향의 욕망을 유발하는 실체가 된다. 일례로 과거 전생에 가난에 한이 맺혀서 부자가 되고자 하는 너무도 간절한 바람이 있었다면, 이번 생에서 그 사람의 '마하라'는 과거 염원대로 부자가 되는 방향의 일관된 욕망들을 유발하게 될 것이다.

가령 남들보다 더 많은 시간을 경제신문을 보고 싶어 한다든지 남들보다 일찍 재테크에 관심을 두고 공부를 한다거나 돈을 모으고 굴리는 방법에 대해 늘 골똘해 하며 살아갈 가능성이 높을 것이다.

반대로 전생에 못 배운 한이 있어서 지식인이 되고자 하는 너무도 간절한 바람이 있었다면, 그 사람의 '마하라'는 높은 학력과 지식을 쌓는 것에 대한 일관된 욕망들을 유발하게 될 것이다.

가령 남들보다 더 강하게 지식을 추구한다든지 돈을 벌고 굴리는 일보다는 자신만의 학문적 탐구에 더 골몰하며 살아갈 가능성이 높을 것이다.

현재 내가 세운 나의 간절한 이상은 곧 나의 '마하라'가 되며 나는 내 이상을 이루는 데 필요한 욕망들을 필연적으로 느끼며 살아가게 될 것이다. 나의 간절한 이상이 '마하라'가 됨으로써 나는 내 이상에 부합하는 욕망을 느끼며 살아가는 사람이 되는 것이다.

'마하라'가 다르면 본인의 욕망의 일관된 방향도 다르므로, 삶도 전혀 다르게 펼쳐진다. 일례로 누군가가 득도하여 사람들이 깨달음을 얻는 데 도움이 되겠다는 본인만의 간절한 이상을 가진다면 그 사람의 이상은 그 사람의 마하라가 되어 그 사람은 본인의 이상을 이루는 데 필요한 욕망들을 필연적으로 느끼며 살아가게 될 것이다.

가령 사람들의 이목과 관심을 집중시킬만한 방편을 고안해 낸다거나 더 많은 사람에게 자신의 말과 글을 알리기 위해 사회적으로 영향력 있는 위치에 오르기 위한 노력을 하게 될지도 모른다.

나의 간절한 이상은 '마하라'가 되어 나는 내 이상을 이루는 데 필요한 욕망들을 필연적으로 느끼며 살아가게 되고 말과 글로써 단련이 된 강철의지가 일상의 흐름에 반영이 된 '토로'를 통해 나는 점점 나의 이상에 가까워지며 결국엔 나는 나의 이상을 이루게 될 것이다.

말과 글을 긍정적으로 활용해 보자. 가장 먼저 단순히 내가 바라는 것이 아닌 간절히 이루고자 하는 이상을 찾고 그 이상을 이루겠다는 다짐을 말과 글로써 반복하여 강철의지를 갖자. 누구나 자신만의 강철의지를 가질 권리가 있다.

나의 강철의지가 유발하는 '토로'와 '마하라'가 유발하는 욕망대로 따라가다 보면 어느새 내 눈앞에는 이상이 이루어져 있을 것이다.

운(運)과 떠올림

책을 찾는 사람들이 있습니다. 책을 찾는 사람들이 있는 한 작가들은 경제적으로 큰 문제를 겪지 않을 것입니다.

만약 책을 찾는 사람들이 더는 마음속에 책을 떠올리지 않게 된다면 어떨까요. 책이 마음에 떠오르지 않아 더는 사람들이 책을 찾지 않게 된다면 말이죠.

우리가 책을 산다는 것은 먼저 '책'이라는 대상이 우리 마음속에 떠올라야 가능한 것이라 생각합니다. 책이 마음속에 떠오르면 비로소 우리는 책에 대한 '감정'과 '욕망'을 가질 수 있게 됩니다. 나의 '감정'과 '욕망'이 긍정적이라면 나는 그 책을 구매하게 될 가능성이 높겠지요.

만약 사람들의 마음속에 책이 떠오르지 않아 사람들이 책을 찾지 않게 된다면 작가들은 경제적인 곤란을 겪게 될 가능성이 높을 것입니다.

한 배우가 있습니다. 그 배우를 마음속에 떠올리는 사람들이 있는 한 그 배우는 안정적으로 활동을 이어나갈 수 있을 것입니다. 만약 그 배우가 많은 사람의 마음속에 더는 떠오르지 않게 된다면 어떨까요. 그 배우는 점차 사람들의 기억에서 잊혀 안정적인 활동을 유지하는 데 어려움을 겪게 될지도 모릅니다. 만약 본인을 마음속에 떠올리는 사람들이 늘어나서 그 배우가 왕성한 활동을 하게 된다면 그 배우는 현재 '운'이 좋다고 볼 수 있습니다.

현재 어떤 '대상'에 '운'이 있다는 것은 그 '대상'이 많은 사람에게 회자되며 긍정적으로 주목받고 있다는 것을 의미합니다. 어떤 '대상'이 많은 사람에게 주목을 받으려면 먼저 그 '대상'이 많은 사람의 마음속에 떠올라야 합니다. 마음속에 '대상'이 떠올라야 비로소 사람들은 그 '대상'에 대한 '감정'과 '욕망'을 느낄 수 있기 때문입니다.

반면 '대상'이 마음속에 떠오르지 않는다면 그 '대상'에 대한 '감정'과 '욕망'을 느낄 기회는 점점 줄어들어 그 '대상'은 서서히 기억에서 잊힐 것입니다.

결국 '운'의 작용은 지금 그 '대상'이 얼마나 많은 사람의 '마음'속에 떠오르느냐에 달려있다고 볼 수 있습니다. 참고로 여기서 말하는 '마음속에 떠오른다'는 것은 인위적으로 떠올리는 것이 아닌 자연스럽게 그 '대상'이 마음속에 떠오르는 것을 의미합니다.

어떤 대상이 '운'이 있는 경우, 그 '대상'은 많은 사람의 마음속에 자연스럽게 떠오를 것입니다. 그에 따라 사람들은 그 '대상'에 대한 긍정적인 '감정'과 '욕망'을 느끼며 그 '대상'이 물건이라면 그것을 구매하고 싶을 것이고 '사람'이라면 그 사람을 좀 더 자주 보기를 바랄 것입니다.

반면 운이 없는 경우엔 정반대의 일이 일어납니다. 일례로 과거엔 사람들의 주목을 받으며 많은 인기를 얻었지만, 현재는 대중의 기억에서 사라진 연예인들이 많이 있습니다. 그 사람들이 더는 주목을 받지 못하는 이유는 실력이 녹슬었거나 외모가 더 이상 매력적이지 않다는 일부 이유도 있겠지만, 가장 근본적인 이유는 그 사람들은 더는 많은 사람의 마음속에 자연스럽게 떠오르지 않기 때문이라 생각합니다. 마음속에 떠오르지 않으니 자연히 그 사람에 대한 '감정'과 '욕망'을 느낄 기회는 줄어들어 차츰 그 사람은 잊게 된다고 봅니다.

만약 많은 사람의 마음속에 지속해서 떠오를 수 있게 된다면 자연히 그 사람들은 잊지 않고 꾸준히 활동을 이어나갈 수 있을 것입니다. 우리는 서로의 마음을 통해 서로의 운을 확인하는 것 같습니다. 따라서 누군가의 마음속에 내가 자연스럽게 떠오른다는 건 참 행복한 일입니다.

시선과 에너지

시선에는 두 가지가 있습니다. 육안의 시선과 마음의 시선입니다. 육안의 시선은 눈으로 대상을 바라보는 것이고, 마음의 시선은 대상을 떠올리거나 생각하는 것을 의미합니다.

위의 두 시선에는 보이지 않는 에너지가 담겨 있습니다. 사람은 시선을 받으면 받을수록 좋아집니다. 시선을 통하여 그만큼의 추진력과 에너지를 얻게 되니까요.

평소 내성적인 사람이 무대에 서면 과감해지는 경우가 있습니다. 사람들의 시선을 통해 많은 에너지를 얻었기 때문입니다. 연예인들을 보면 데뷔하기 전엔 일반인과 다름없는 분위기를 풍기는 사람도 데뷔를 하고 나면 성형을 따로 하지 않았어도 연예인다운 '포스'를 뿜어내는 사람들이 있습니다. 연예인들은 이를 두고 '카메라 마사지'를 받았다고 표현을 합니다만, 이 카메라 마사지의 가장 큰 원리는 바로 많은 사람의 '시선'에 있는 것입니다.

많은 사람이 특정 연예인을 떠올리고 관심을 가질 때마다 그 연예인은 보이지 않는 많은 에너지를 얻게 됩니다. 에너지를 많이 받는 사람은 생기가 넘치고 화사해 보이기 마련이지요.

가수들의 경우에도 '무대 위에서의 열정의 원천이 무엇이냐'고 질문을 받으면 많은 가수들은 관객으로부터 에너지를 받는다는 이야기를 많이 합니다. 그 보이지 않는 에너지는 관객들의 시선을 통해 가수에게 전달되는 것이지요.

시선에는 에너지가 담겨 있기에 많은 사람의 관심을 얻게 된다면 본인의 일을 달성하는 데 큰 도움을 얻을 수 있습니다. 보다 적극적이고 열정적인 태도를 누리게 되는 것이지요.

하지만 여기서 전제는 오직 긍정적인 감정에서 비롯된 시선이 긍정적인 에너지를 가져다준다는 것입니다. 만약 시선을 보내는 주체가 그 대상에 대해 부정적인 감정이 있다면, 그 시선은 오히려 그 대상의 의욕을 저하시키고 무력감에 빠지게 할 수 있습니다.

시선을 많이 받되 좋은 시선을 많이 받을 수 있도록 노력해야 합니다. 사람들을 기쁘게 하고 즐겁게 하는 좋은 계기를 통해 많은 사람의 긍정적인 관심을 얻는 것이 현명한 태도가 될 것이라 생각합니다. 사람들이 내게 보내는 시선이 어떠할지는 일차적으로 나에게 달린 것이지요.

행위의 흐름

'행위의 흐름' 이란 게 있습니다. '현재' 에서 일어난 일들은

'과거'가 되어 다시 '미래'로 넘어가서 다시 '현재'로 다가오게 됩니다.

일례로 '칼로 흥한 자는 칼로 망한다'는 말이 있습니다. 내가 현재 칼을 휘두른 행위는 곧 과거가 됩니다. 그 행위는 과거에서 다시 미래로 넘어가 훗날 현재로써 되돌아오게 됩니다. 따라서 내가 현재 휘두른 칼은 과거가 되어 미래로 흘러가 다가올 '현재'에 그 칼에 걸맞은 일들이 되돌아오는 것입니다.

칼로 흥한 자는 과거에 칼을 휘두른 만큼 그 결과로써 현재에도 계속해서 칼을 휘둘러야 하는 상황이 다가오게 될 것이니, 다가올 미래에도 계속해서 칼을 휘둘러야만 하는 상황이 다가오게 되는 것입니다.

그 결과 칼을 휘두르는 것을 보고 배운 부하에게 배반을 당하거나 본인에게 칼로 피해를 입은 세력들에 의해 응징을 당하거나, 칼을 휘두르는 또 다른 세력을 자극하여 그들과 충돌을 하게 될 수도 있겠지요.

칼을 휘두르는 사람에게는 계속해서 칼과 관련된 일들이 필연적으로 다가올 수밖에 없는 것입니다. 따라서 늘 불안 속에서 살아가게 되는 것이지요. 칼을 휘두른 행위는 과거로 흘러가 미래로 가서 다시 '현재'로 다가오게 되니까요.

따라서 이러한 '현재-과거-미래-현재'로 반복되는 '행위의 흐름'을 아는 사람이라면 함부로 남에게 칼을 휘두르지 않고 오히려 선행을 베풀지 않을까 생각합니다. 칼은 칼로 되돌아오고 선행은 선행으로 되돌아오니까요.

현재의 '나'에게 다가오는 상황들의 책임은 과거의 '나'에 있고, 미래의 '나'에게 다가오는 상황의 책임은 현재의 '나'에게 있는 것 같습니다.

토끼와 거북이

토끼는 뭍에서만 살고 거북이는 바다와 뭍을 동시에 오간다. 토끼는 늘 등이 축축하게 젖어있는 거북이를 보며 바닷속은 어떠한 곳인지 물어본다. 거북이는 토끼가 이해할 수 있도록 뭍에 있는 사물들을 떠올려가며 바닷속을 설명하려 하지만 여간 어려운 일이 아니다.

토끼는 자신이 뭍에서 부딪히며 쌓아온 경험을 토대로 거북이의 말을 받아들인다. 바닷속을 경험하지 못한 토끼가 바닷속을 알게 되는 것은 어려운 일이다. 토끼는 다만 거북이의 축축하게 젖은 등과 그가 설명한 말을 토대로 어렴풋이 알게 될 뿐이다.

사람도 거북이와 토끼가 있다. 눈에 보이는 물질세계만을 전부로 알고 사는 사람과 물질세계와 그 이면의 보이지 않은 세계를 전부 알고 있는 사람으로 나뉜다. 보이지 않는 세계까지 활동반경으로 삼고 있는 사람은 물질세계에만 매여 있는 사람들에게 물질세계를 빗대고 언어에 기대어 보이지 않은 세계를 설명하려 들지만 그것은 쉬운 일이 아니다.

토끼는 단지 거북이의 축축한 등을 보고 그의 말을 믿을 뿐이고, 사람들은 단지 그의 고요한 아우라와 깨우친 말을 보고 그의 말을 믿을 뿐이다.

유능한 리더의 조건

이 세상에는 남다른 성과를 거두는 유능한 리더들이 많이 있습니다. 유능한 리더에게는 저마다의 탁월한 강점들이 있습니다만, 그중에서 제가 개인적으로 중요하게 여기는 유능한 리더의 조건이 있습니다. 그것은 바로 '흡인력' 입니다.

'흡인력' 은 말 그대로 사람들을 이끄는 힘입니다. 이 '흡인력' 의 원천은 그 리더의 존재력(存在力)의 '강함' 이라고 생각합니다. 여기서 말하는 존재력이 강한 사람이란 흔히 말하는 타고난 '기(氣)' 혹은 '에너지' 가 강한 사람이거나 '카리스마' 를 지닌 사람이 해당되겠지요. '카리스마'는 후천적으로 '강한 의지'를 함양함으로써 누리게 되는 경우가 더 많습니다.

존재력이 강한 리더는 '흡인력'도 강한 것 같습니다. 존재력이 강한 리더가 조직의 중앙에 있으면 조직의 구성원들은 그 리더의 '흡인력'에 영향을 받게 됩니다.

'흡인력'이 강한 리더는 구성원 개개인의 마음에 본인이 이루고자 하는 목표를 강하게 각인시켜주게 됩니다. 리더의 강한 존재력에서 비롯되는 '흡인력'에 의해 구성원들은 리더가 제시한 그 목표를 본인의 목표로 삼아 그것을 위해 자신의 역량을 최대한 발휘하게 됩니다.

'흡인력'이 강한 리더는 구성원들의 목표를 자신이 뜻하는 것으로 대체시킬 만큼의 충분한 영향력을 발휘하는 것이 분명합니다. '흡인력'이 강한 리더 때문에 조직 구성원은 그 리더가 목표하는 것에 충분한 의지력과 역량을 발휘하게 되는 것이지요.

만약 리더가 '흡인력'이 부족하다면 그 조직의 긴장은 쉽게 느슨해지고 역량이 분산될 가능성이 높습니다. 구성원 모두가 자기 나름의 목표가 있으므로 각자가 자기만의 목표를 좇다 결국 역량이 분산되어 좋은 성과를 내기가 어려울 것입니다. 물론 구성원 개개인의 창의성과 개성을 중시함으로써 성과를 내는 조직이라면 이러한 이야기가 맞지 않을 것입니다.

하지만 하나의 목표를 두고 모든 구성원이 역량을 모아야만 하는 조직이라면 탁월한 성과를 쟁취하기 위해선 강한 존재력을 가진 리더의 존재가 중요한 부분일 것입니다. 강한 존재력에서 비롯된 '흡인력'으로 사람들의 목표를 하나의 목표로 모을 수 있어야 합니다.

결론을 내려보면 유능한 리더는 돋보기처럼 모든 구성원의 역량과 의지력을 한 점으로 모아 모든 것을 불태워버릴 수 있는 존재력이 강한 사람이 될 것입니다만, 어디까지나 존재력은 하나의 조건에 불과합니다. 누구든지 의지만 있다면 존재력 외의 유능한 리더가 되는 데 필요한 다른 더 많은 조건을 함양함으로써 얼마든지 유능한 리더가 될 수 있다고 생각합니다.

나쁜 놈 vs 좋은 놈

나쁜 놈과 좋은 놈의 차이는 무엇일까요? 나쁜 짓을 하면 나쁜 놈이고 좋은 짓을 하면 좋은 놈일까요? 여기서 우선 나쁜 행위와 좋은 행위에 대한 정의가 필요할 것 같습니다. 제가 생각하는 나쁜 행위와 좋은 행위를 가르는 중심 기준은, 자연의 질서인 '성장'이라고 생각합니다.

우선 존재는 창조되었다고 볼 수 있습니다. 다른 여러 조건들이 만나 하나의 개체로써 창조된 것입니다. 예를 들어 동물은 수컷과 교미한 그들의 어미에 의해 창조되었고, 나무는 씨앗과 흙과 햇빛과 같은 여러 조건이 만나 창조되었습니다. 동물들을 낳은 어미와 나무의 씨앗 또한 또 다른 조건들이 만나 창조된 것입니다.

이렇게 끝없이 소급되어 올라가면 그 근원에는 무엇이 존재하는지 분명하게 확인하기는 어렵지만, 일반적으로 존재는 창조된 것이라 볼 수 있습니다. 그리고 창조된 존재는 끊임없이 더 나아지길 바라며 성장을 원합니다. 나무도 동물도 사람도 모두 더 나아지길 바라는 욕망은 같습니다. 다만 그 욕망의 발현의 모습이 서로 다를 뿐이겠지요.

따라서 '나' 외의 다른 존재의 성장을 방해하고 억압하는 것은 자연의 질서를 가로막는 나쁜 짓이요. 다른 존재의 성장을 돕고 이끌어주면 자연의 질서에 순응하는 좋은 짓으로 볼 수 있다고 생각합니다. 나도 그렇듯이 존재는 오늘보다 내일의 나의 모습이 더 나아지길 바라는 성장의 욕망이 있기 때문입니다.

타인의 재산을 뺏고 폭력을 휘두르며 모욕하는 것이 문화와 상관없이 보편적으로 나쁘게 다가오는 이유는, 그것은 타인의 성장하고자 하는 마음에 상처를 입히고 악영향을 주기 때문입니다.

이제 본론으로 넘어가 보겠습니다. 나쁜 놈도 자기 가족에게는 좋은 짓을 할 것입니다. 좋은 놈도 자기 원수에게는 나쁜 짓을 할지도 모릅니다. 그렇다면 나쁜 짓보다 좋은 짓을 많이 하면 좋은 놈이고, 좋은 짓보다 나쁜 짓을 많이 하면 나쁜 놈일까요? 누구나 살다보면 정도의 차이는 있겠지만 나쁜 짓을 할 수도 있고, 반대로 좋은 짓을 할 수도 있다고 봅니다.

저는 나쁜 놈과 좋은 놈의 차이는 그 사람이 가지고 있는 '뜻'에 달려있다고 생각합니다. 그 사람의 삶의 주된 목적이자 '뜻'이 무엇인가에 따라 그 사람이 나쁜 놈인가 좋은 놈인가가 결정된다고 봅니다.

그 사람의 '뜻'이 다른 존재의 성장에 도움이 된다면 그 사람이 그 '뜻'을 이루는 과정에서 불가피하게 발생되는 불연속적인 나쁜 짓은 어느 정도 이해해줄 수 있을지도 모릅니다. 결국엔 본인의 이타적인 '뜻'을 이루기 위한 과정에서의 불가피한 경우일 수도 있으니까요.

물론 여기엔 많은 논란이 있을 것입니다. 이 사회에서라면 당연히 행위의 결과에 따른 법의 제재가 따를 것입니다. 반대로 아무리 좋은 짓을 많이 한다고 해도 그 사람의 '뜻'이 다른 존재의 성장을 억압한다면 그 사람이 그 '뜻'을 이루는 과정에서 불연속적으로 발생되는 좋은 짓은 결코 곱게 보일 수 없을 것입니다. 그것은 하나의 기만이 될 수 있겠지요. 어떤 사람이 좋은 놈인가 나쁜 놈인가는 그 사람의 마음에 일관되게 흐르는 그 '뜻' 이 어떠한가에 달려있다고 생각합니다.

결론을 말해보자면 좋은 놈은 다른 존재의 성장에 도움이 되는 이타적인 뜻을 가지고 사는 존재를 의미하고, 나쁜 놈은 다른 존재의 성장에 해를 끼치며 오직 자신의 이로움만을 위하는 존재를 의미한다고 봅니다.

비물질 vs 물질

물질은 눈에 보인다. 비물질은 눈에 보이지 않는다. 사람들은 눈에 보이며 직접적으로 체험하고 느낄 수 있는 물질을 비물질보다 더 중시하는 경향이 있다. (참고로 자천인의 경우엔 일정 단계를 지나면 물질과 비물질의 경계가 허물어지게 되어 이와 같은 구분이 적용되지 않게 된다)

하지만 비물질이 물질 못지않은 직접적인 영향을 우리에게 준다면, 비물질도 물질과 같은 중요성을 띠는 것이 아닐까?

비물질인 생각을 보자. 좋은 생각은 좋은 발상을 낳는다.

좋은 발상은 좋은 물질을 낳을 것이다. 우리가 이용하는 모든 물질은 대부분 우리의 생각에서 비롯되었으므로, 비물질인 생각이 없었더라면 우리가 이용하는 대부분의 물질 또한 존재하지 않을 것이다. 생각은 물질의 창조에 아주 직접적이고 근본적인 위치에 있다고 볼 수 있다.

또한 생각은 나의 몸에도 지대한 영향을 미친다. 긍정적이고 낙천적인 생각을 많이 하는 사람은 몸도 편안하고 신진대사가 원활하다. 비물질인 생각이 물질인 육체에 분명한 영향을 주고 있는 셈이다.

감정도 그러하다. 누군가에 대한 좋은 감정은 상대방에게 긍정적인 영향을 미치며 그것이 상대방의 일상에 큰 이로움을 준다. 좋은 감정이 상대방의 활력과 원활한 사고활동을 도와 높은 능률을 달성하는 데 도움이 될 수 있다.

믿음도 그러하다. 누군가에 대한 긍정적인 믿음은 분명한 긍정적 효과가 있다. 그 상대방은 그 믿음에 큰 영향을 받게 된다. 피그말리온 효과라고 했던가? 상대방의 행동과 태도는 누군가의 믿음에 의해 분명한 영향을 받을 수 있는 것이다.

비물질인 마음은 결코 물질에 뒤지지 않는 엄청난 영향을 우리에게 미친다. 따라서 우리는 돈과 같은 물질을 다루는 법만을 배울게 아니라 비물질인 마음 또한 현명하게 대하는 법을 익혀야 한다고 생각한다. 그것은 우리 삶에 지대한 영향을 미치기 때문이다.

같음과 다름

'다르다' 는 표현은 '같다' 는 전제가 없다면 존재할 수 없
다. 애초에 모든 것이 같지 않다면 굳이 '다르다' 는 표현이 존
재할 이유가 없다. '다르다' 대신 원래 '그러하다' 혹은 '자연
스럽다' 로 '다르다' 는 의미가 표현될 것이다.

우리가 어떤 '대상들' 혹은 '현상들' 을 두고 '다르다' 라고
말하는 것은, 그곳에 무언가 '같다' 라는 전제가 있기 때문이
다. '같다' 라는 무언의 합의 혹은 전제가 있기에 그 '같음' 속
의 '다름' 을 발견한 사람이 그것을 두고 '다르다' 라고 표현할
수 있는 것이다.

애초에 다름만이 있다면 굳이 그것을 두고 '다르다' 라고 표
현하지 않을 것이다. 원래 '그러하다' 혹은 '자연스럽다' 라고
하지 않을까. '같음' 속의 '다름' 을 발견하였기에 비로소 '다
르다' 고 하는 것이다. '다름' 은 '같음' 의 바탕에서 비롯되고,
'같음' 은 '다름' 의 바탕에서 비롯된다.

주관과 객관

어떤 사건이 있다. 어떤 이는 그 사건을 두고 좋은 사건이라고 하고, 어떤 이는 그 사건을 두고 나쁜 사건이라고 한다. 그렇다면 그 사건은 좋은 사건일까? 나쁜 사건일까? 그 사건이 좋다고 말하는 사람이 그 사건이 나쁘다고 말하는 사람보다 더 많다면 그 사건은 좋은 사건으로 받아들여야 할까?

어떤 사람이 있다. 어떤 이는 그 사람을 두고 마음이 따뜻한 사람이라고 하고 어떤 이는 그 사람을 두고 마음이 차가운 사람이라고 한다. 그렇다면 그 사람은 마음이 따뜻한 사람인가 차가운 사람인가? 마음이 따뜻하다고 말하는 사람이 마음이 차갑다고 말하는 사람보다 더 많다면, 그 사람은 마음이 따뜻한 사람으로 받아들여야 할까?

처음의 어떤 사건의 경우, 그 사건을 백 명이 경험했다고 한다면 그 사건은 백 명의 '주관세계'에 존재한다. 그 사건은 그 백 명의 '주관세계' 속에서 각각 다른 의미로 다가오는 것이다. 나는 그 사건을 좋다고 생각한다면 그것은 나의 '주관세계'에서는 좋은 사건이 되는 것이다. 만약 다른 사람이 그 사건을 나쁘다고 생각한다면 그것은 그 사람의 '주관세계'에서는 나쁜 사건이 되는 것이다.

두 번째 사람의 경우에도 다른 백 명의 사람이 A라는 사람을 판단한다고 한다면 A는 그 백 명의 '주관세계' 속에서 각각 다른 의미로 다가온다. 나는 A를 마음이 따뜻한 사람이라고 생각한다면 A는 나의 '주관세계'에서는 마음이 따뜻한 사람인 것이다. 만약 다른 사람이 A를 마음이 차갑다고 생각한다면 A는 그 사람의 세계에서는 마음이 차가운 사람이 되는 것이다.

세상에 백 명의 사람이 존재한다면, 백 명의 '주관세계'가 존재한다. 우리가 같이 공유하는 객관의 세계는 우리의 '주관세계'에서 서로 다른 의미와 개념으로 다가온다. 따라서 세상에 통념적으로 받아들여지는 '객관적인 의미'와 나의 '주관'이 상충될 때에는 무엇을 따라야 할 것인가 고민해보는 것도 재미있을 것이다.

감응론

내가 만약 행운을 누린다면 그것은 사람을 통해서 나에게 다가오게 될 것이고, 반대로 불행을 겪게 된다면 그것 또한 사람을 통해서 나에게 다가오는 것이라 생각합니다. 무인도에서의 고립된 삶이 아니라면 말이지요. 내 삶의 흐름에서 중요한 관건은 '나'와 타인의 마음과의 상호관계에 달려있는 것이 아닌가 하는 생각을 해봅니다.

'감응론' 이란 나에 대한 사람들의 '마음' 과 내 삶의 흐름과의 연관성에 대한 하나의 관점이라 볼 수 있습니다. 나에게 긍정적인 마음을 가지는 사람이 많다면 결과적으로 나의 삶의 흐름 또한 긍정적일 가능성이 높을 것이며, 반대로 나에게 부정적인 마음을 가지는 사람이 많다면 나의 삶의 흐름 또한 순탄치 못할 가능성이 높을 것입니다.

하지만 '감응론' 은 어디까지나 하나의 관점으로써 흥미롭게 참고만 하면 될 것입니다. 굳이 여기에 얽매일 이유는 없습니다. 그리고 무엇보다도 가장 중요한 것은 바로 나의 의지라고 생각합니다.

'무엇을 위한 삶을 살 것인가?' 에 대한 삶의 올바른 방향성이 내적으로 확립된 사람이라면 이러한 '감응론' 에 연연하지 않고 당당하게 살아갈 수 있을 것입니다. 물론 올바른 삶의 방향성에서 비롯된 올바른 의지는 감응론의 측면에서도 바람직한 영향이 있을 것입니다.

사람들이 특정인에 대한 마음을 결정하는 데에는 크게 네 가지의 요인이 결합하여 작용한다고 생각합니다.

첫 번째 요인은 선천적인 부분으로써 여기에는 대표적으로 집안배경, 외모, 능력, 성향을 들 수가 있습니다. 집안배경이 남들에게 긍정적이고 우호적인 위치에 놓여있다면, 그리고 타고난 외모가 많은 사람의 호감을 유발하거나 남다른 능력을 갖추고 태어난 사람일수록 사람들의 마음에는 보다 긍정적인 상이 떠오를 가능성이 높을 것입니다. 남다른 성향을 타고난 경우에도 마찬가지로 사람들의 관심을 이끌며 대체로 긍정적인 상을 떠올리게 할지도 모릅니다.

하지만 집안배경, 외모, 성향, 능력의 측면에서 크게 두드러지지 않는 경우라면, 사람들의 마음의 상을 결정짓는 데에 다른 요인들이 더 많은 영향을 미치게 되겠지요.

사람들의 특정인에 대한 마음을 정하는 데 영향을 미치는 두 번째 요인으로는 '이해관계'가 있습니다. 특정인과의 관계에서 그 사람과 이익을 함께 누리는 사이인가, 아니면 이익을 두고 경쟁을 해야 하는 사이인가, 혹은 이익을 위하여 협력을 구하거나 우호적인 관계를 유지해야만 하는 사이인가에 따라 그 사람에 대한 마음속의 상이 결정되리라 봅니다. 만약 나와는 그 어떠한 이해관계도 없는 사람이라면 다른 요인들에 의해 그 사람에 대한 내 마음속의 상이 결정되게 되겠지요.

세 번째 요인으로는 시기가 있습니다. 좋은 시기에 놓인 사람의 경우 사람들이 그 사람을 대할 때 마음속에 긍정적인 상을 떠올릴 가능성이 높습니다. 좋은 시기에 놓인 사람의 경우 훌륭한 언변을 통해 많은 사람에게 인정과 사랑을 받았다고 한다면 그 좋은 시기가 다하고 나서는 오히려 구설수에 올라 사람들의 미움을 받는 경우를 흔히 볼 수 있습니다.

감응론의 관점에서 바라본다면 좋은 시기에는 그 사람에 대해 많은 사람이 마음속에 긍정적인 상을 떠올림으로써 그 사람의 언변 또한 긍정적인 주목을 받기 쉬우나, 좋은 시기가 지나면 사람들의 마음속에 그 사람에 대한 긍정적인 상이 점점 사라짐에 따라 그 사람의 언변 또한 서서히 부정적으로 다가오면서 필연적으로 구설에 오르는 상황을 맞이하는 것이 아닌가 생각합니다. 좋은 시기에서는 그 당시 아무 문제가 없었던 발언이 좋은 시기가 지나고 나서야 뒤늦게 구설에 오르게 되는 황당한 경우도 종종 목격할 수 있게 되는 것이지요.

어떤 발언이든 사람들의 마음속에 발언자에 대한 긍정적인 상이 떠오르는 한에는 그 사람의 발언은 큰 문제는 되지 않는 것이 아닐까 하고 조심스럽게 추측해봅니다.

마지막 네 번째 요인으로는 '평판'이 있습니다. 좋은 평판은 평소 삶에 대한 올바른 방향성에서 비롯된 올바른 가치관이 올바른 판단을 낳음으로써 그러한 올바른 판단들이 모여 본인에게도 우호적인 상황으로 되돌아오는 것이라 생각합니다. 선행이 많으면 좋은 평판이라는 우호적인 결과가 따라오게 되는 것이겠지요.

'선인선과(善因善果)의 법칙'을 행하는 사람을 보면 우리는 기분이 좋아집니다. 기부를 많이 하고 선행을 많이 하는 유명인일수록 사람들의 질시를 받기는커녕 잘 나갈수록 오히려 응원과 박수를 받는 경우가 많습니다.

'감응론'의 관점에서 보면 '선인선과의 법칙'을 좇는 사람을 우리가 바라볼 때엔 대체로 마음속에 긍정적인 상이 떠오르게 되는 것 같습니다. 선한 행위는 보다 많은 사람의 마음속에 긍정적인 상이 떠오를 수 있게 만드는 보이지 않는 영향력을 발휘하는 것이 분명합니다. 좋은 평판과 함께 말이지요.

어딜 가든 사람들의 마음속에 긍정적인 상이 떠오르게 하는 사람이라면 성공하지 못할 이유가 없을 것입니다. 사람의 마음을 얻는 자가 천하를 얻게 된다는 말은 바로 이러한 '감응론'의 관점에서 이해해볼 수 있지 않을까요.

물론 이외에도 특정인에 대한 사람들의 마음속의 상이 결정되는 데에는 많은 요인이 있을 것입니다. 단순히 상대방이 본인의 성향과 맞지 않는다거나, 본인의 선입견이나 감정에 의해 상대방이 긍정적이지 못한 상으로 느껴질 수도 있고, 상대방의 상태나 기분이 좋지 않은 탓에 일시적으로 긍정적이지 못한 상이 떠오를 가능성도 있을 것입니다.

따라서 본인의 마음속에서 특정인에 대한 긍정적인 상이 떠오르지 않는다고 해서 무조건 그 특정인을 위의 본문에 제시된 측면으로만 판단한다면 큰 오해가 있을 것이 분명합니다. 때로는 본인의 감정과 선입견이 마음속의 상이 떠오르는 데 있어 가장 큰 영향력을 행사할 때도 있으니 이에 유의하면 좋을 것 같습니다. 그리고 '감응론'은 하나의 관점으로써 참고만 하면 되겠지요.

선천적인 부분과 좋은 시기를 누리더라도 '선인선과의 법칙'을 좇지 않는다면, 사람들의 마음속에 나에 대한 긍정적인 상이 유지되는 기간은 일시적일 수밖에 없을 것입니다. 긍정적인 상이 유지되는 기간이 지나고 나면 내가 하고자 하는 일을 제지하는 사람들이 하나둘 생겨나겠지요.

반대로 선천적인 부분과 좋은 시기를 누리지 못하더라도 '선인선과의 법칙'을 좇으며 산다면, 나에 대한 긍정적인 상을 떠올리는 사람들이 점점 늘어날 수밖에 없을 것입니다. 긍정적인 상을 떠올리는 사람들이 점점 늘어남에 따라 내가 하고자 하는 일은 점점 순탄해지겠지요.

천국이란 나에 대한 긍정적인 상을 떠올리는 사람들과 함께 어울려 사는 곳이며, 지옥은 그 반대가 되지 않을까 생각합니다. 내가 사는 곳을 천국으로 만드는 것은 우선 '나'에게 달린 것이라 생각합니다. ><(((º>

참고도서

현일 박재봉, 『하늘공부 1』, 가마오, 2011
현일 박재봉, 『하늘공부 2』, 가마오, 2011
현일 박재봉, 『하늘공부 3』, 평사리, 2012